2011年3月11日、その日は石巻市立雄勝中学校の卒業式だった。体育館で全員での記念撮影。この１時間40分後に東日本大震災が発生。巨大な津波によって校舎は破壊され、この体育館もすべて流された。

廃墟と化した校舎。大津波は3階建ての校舎屋上まで達し、何もかもを奪っていった……。

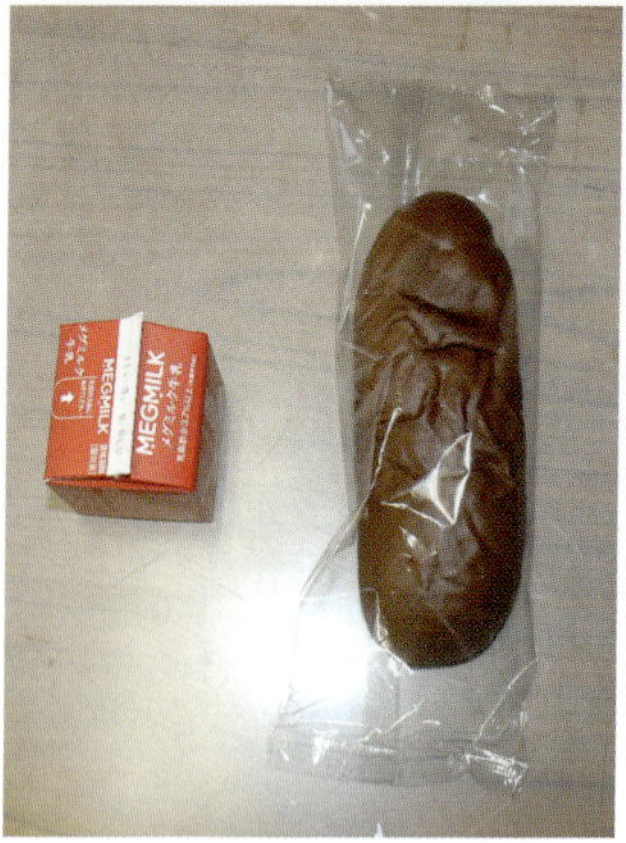

給食はたったこれだけ！コッペパンと牛乳。

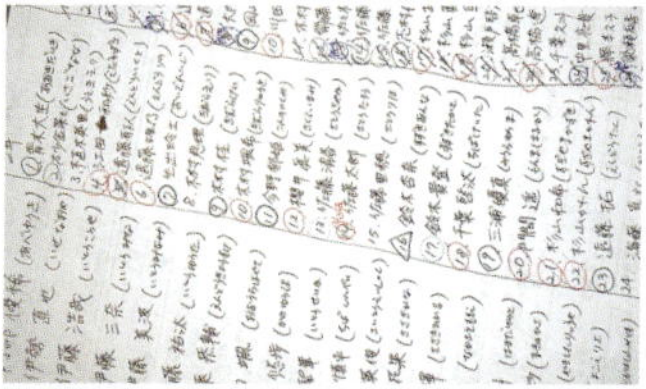

安否確認のために作成した手書き生徒名簿。

仮職員室で行われた公立高校の合格証書授与式。

足りない給食を補うため教職員が炊き出し。

入学式、全員の上履きをサイズ別に用意した。

廃タイヤを利用しての“輪太鼓”づくり。

2010年の演奏。太鼓はすべて流された。

テープを何重にも貼って皮面に。

太鼓台も用務員さんが手づくりしてくれた。

初打ちでは想像以上の迫力ある音が出た。

みんなが力を合わせ“輪太鼓一号”が完成。

夏休み中、毎日練習を重ねた。

12年教室
34年教室
56年教
動会
紅

2011年8月27日、被災した雄勝中学校・雄勝小学校・船越小学校・雄勝保育所の４校が集まり、「雄勝地区大運動会」が石巻北高飯野川校で行われた。大漁旗たなびく下で、勇壮な「伊達の黒船太鼓」を演奏。

「雄勝石」が屋根瓦に使われている縁で、東京駅での演奏が実現。大きな感動を呼ぶ。

被災した校舎への感謝と鎮魂の太鼓演奏。

ドイツ公演に向けて出発！

修学旅行で訪れた開晴小中で歓迎を受ける。

生徒全員で「ベルリンの壁」を押してみた……!?

ドイツでの学生との交流のひとコマ。

このチームワークで、初めての海外公演（ドイツ）を成功させた雄勝中“奇跡”の子どもたち。

ドイツ・ヴォルフスブルク公演では、サッカー日本代表の長谷部誠選手も激励に駆けつけ、「雄勝復興輪太鼓」に熱いエールを送った。

演奏前の円陣。怒り、悲しみ、喜び、希望……子どもたちのさまざまな思いを込めた「雄勝復興輪太鼓」は、今も感動の"輪"を広げている。

2012年３月31日、雄勝中学校長として最後の日。生徒たちが手渡してくれた色紙には、「僕たちたくましく生きます」と力強く書かれていた。

奇跡の中学校

3・11を生きるエネルギーに変えた
生徒と先生の物語

佐藤淳一

ワニブックス
|PLUS|新書

目次

※本書は『たくましく生きよ。——響け！復興輪太鼓　石巻・雄勝中の387日』（2012年6月／ワニ・プラス刊）に加筆修正し、新書化したものです。

あの震災からちょうど1年が過ぎた2012年3月10日、雄勝中卒業式。
卒業生一人ひとりからのお礼の言葉に涙、涙……。

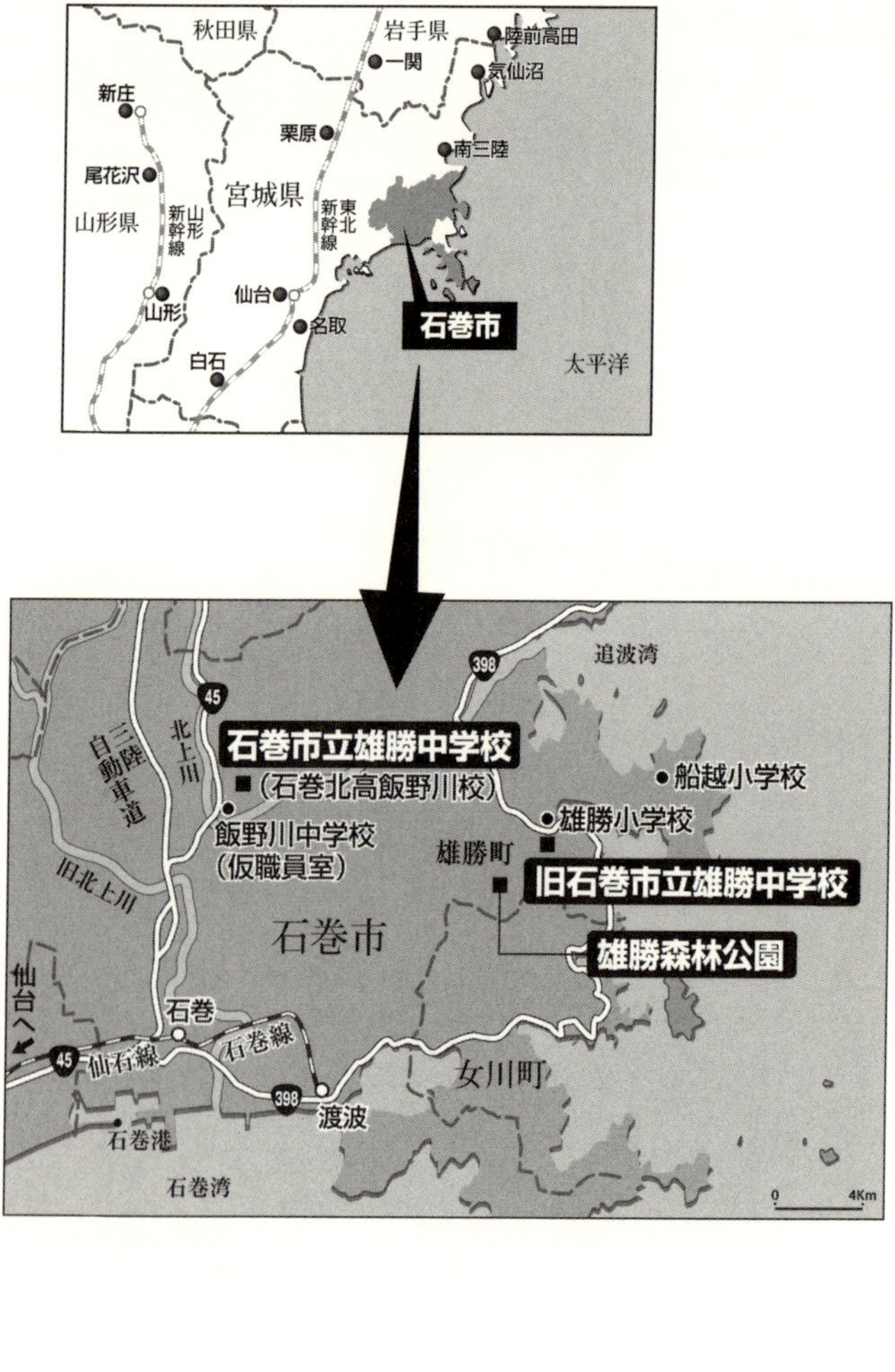
秋田県
岩手県
陸前高田
一関
気仙沼
新庄
栗原
南三陸
尾花沢
宮城県
山形県
山形新幹線
東北新幹線
仙台
山形
名取
石巻市
白石
太平洋
追波湾
398
45
三陸自動車道
北上川
石巻市立雄勝中学校
（石巻北高飯野川校）
船越小学校
雄勝小学校
飯野川中学校
（仮職員室）
雄勝町
旧石巻市立雄勝中学校
旧北上川
石巻市
雄勝森林公園
仙台へ
石巻
石巻線
仙石線
45
398
女川町
渡波
石巻港
石巻湾
0
4Km

プロローグ ―感動を呼んだドイツでの「雄勝復興〝輪〟太鼓」

鳴り響け、「復興輪太鼓」

ドーン、ドドドドッ！　ドドドン、ドーン！

五臓に響く豪放なその打撃音が会場に鳴り響いたとき、度肝を抜かれた客席の意識が一気にステージに引き寄せられたことが伝わってきた。どんな音が飛び出すのだろうかと興味津々だったその表情が、やがて驚愕と感嘆へと変わっていく。

観客を引きつけたのは、その音の大きさや響きだけではない。その音に込められた思いが、魂が、伝わっているのだ。そう、31名の中学生たちが一心不乱に叩き、奏でる太鼓の音には、彼ら彼女らの怒り、悲しみ……そして、希望と感謝。さまざまな思いが込められている。

ここにいる中学生たちは、宮城県石巻《いしのまき》市にある市立雄勝《おがつ》中学校の1、2年生。3月に卒業した3年生を除く全校生徒である。

2011年3月11日に東日本を襲った大地震とその後の大津波によって、学校を破壊され、家を流され、肉親を失った子どもたち。

その震災によってもたらされたさまざまな思いを、31名の子どもたちが一打一打に込めて打つ。自分たちの太鼓に叩きつける。

生徒たちが叩くのは、和太鼓ならぬ〝輪《わ》〟太鼓。

学校にあった本物の和太鼓は、津波によってすべて流されてしまった。だから自分たちの手で太鼓をつくった。車の廃タイヤを利用し、ビニールテープを何重にも重ねて貼った簡素な楽器だが、えも言われぬ迫力ある音が生まれる。音の抜けのいい和太鼓とはまた違う迫力。ある意味、太鼓の概念を超えてしまったオリジナル太鼓だ。

その〝輪〟太鼓を、雄勝中の校訓である「たくましく生きよ。」の言葉が書かれた揃いのTシャツを着た31名の子どもたちが、一糸乱れぬ動きで叩く……。31の重厚な音の塊が、雄勝の海の底から一斉に湧き上がるように聴く者に迫ってくる。まるであの日の大津波のように……。

巨大な津波は雄勝の町を一気に飲み込んだ。町は壊滅し、人口4300名のうち死者、行方不明者合わせて二百数十名が犠牲になった。8割が家を失い、約3000名が地区外に移り住んだ。

だからこそ、雄勝中生たちによる雄勝地域に伝わる「伊達《だて》の黒船太鼓」の演奏は、まさしく津波による破壊と、再生に向けての希望を表現していた。出船の銅鑼《どら》とともに前へ前へ進んでいく勇壮な黒船をイメージさせるダイナミックな響き。

それが、震災で何もかも失った雄勝中生による復興のための魂のパフォーマンス、「雄勝復興輪太鼓」の演奏なのである。

震災から1年後の2012年3月。

雄勝中の生徒31名と、校長である私を含めた5名の教員たちは日本を遠く離れ、ここドイツにいた。

地元の独日協会の招きで、ドイツ各地で「雄勝復興輪太鼓」を演奏し、震災後に多大な支援をいただいたドイツの人々への感謝の念を表し交流を深めるための公演旅行を行っていた。

私たちがドイツに招かれ、「雄勝復興輪太鼓」の公演を行うまでの1年間、そこには筆舌に尽くしがたい苦渋と歓喜にあふれたさまざまなドラマがあった。

　卒業式の日の被災、必死の避難。そして生徒の安否確認、暗中模索の学校再開、全校での温泉合宿。多くの方々から支援をいただき、さまざまな出会いがあり、交流の輪も広がった。やがて復興へ向けての独自の学習活動を行い、この「雄勝復興輪太鼓」にも取り組んできた。そして、各地での演奏活動。思い返せば、苦しかったこと、つらかったこと、嬉しかったことが走馬灯のように駆け巡る。そしてほのかに見えてきた、希望の光……。

「たくましく生きよ。」と生徒たちにも、自分自身にも何度も何度も語りかけて、ひたすら前へ前へと歩いてきた。

　そうしたさまざまな雄勝中での活動の成果が今、ドイツで花開いている。

　何もかも失い、大変な思いをしてきた子どもたちが今、まさに「たくましく」演奏し、ドイツのみなさんの前で堂々と挨拶をし、笑顔で交流している。こんな姿を見ることができるとは、1年前には夢にも思わなかった……。

多くの支援がつながって実現

今回のドイツ招聘は、日独協会からの被災地へのさまざまな支援がきっかけだった。雄勝中も日独協会のみなさんにはさまざまな形で支援をいただいていたが、とりわけ豊橋日独協会の西島《にしじま》篤師《とくし》副会長は足しげく雄勝中を訪れ、直接、義援金と支援物資を届けてくださっていた。

２０１１年11月、生徒たちがＪＲ東京駅の動輪広場で「雄勝復興輪太鼓」を演奏したときも、奥様はじめご家族で応援に駆けつけてくださった。これを見て感動した西島さんらがドイツにいる独日協会の関係者へ働きかけ、ドイツのブラウンシュヴァイクにある同協会の招待でドイツ訪問が実現したのである。

その独日協会（ブラウンシュヴァイク―パイネ―ヴォルフスブルク地域）の会長を務めるバローグ輝子さんの元へ大震災の一報が入ったのは、３月11日の午後（現地時間＝日本との時差はマイナス８時間）のことだったという。東京に住む会員から電話をもらったバローグさんは事の重大さを知り、間もなく日独さまざまな報道機関からの問い合わせへの対応に追われることになる。そうしたなかで、バローグさんをはじめ独日協会のみなさんは、「とにかく日本のために何かできないか」と、いても立ってもいられず、即座に義援金集めの活動を始めたという。

その輪は大きく広がり、1800人から6万ユーロ（約650万円）の義援金が集まった。しかし、「義援金を大きな団体に預けるのではなく、自分たちの義援金がどのような人たちにどのように使われるのか、相手が見える支援をしたい」という思いが会員たちのなかにあったという。そんなときに、西島さんから「雄勝復興輪太鼓」東京駅公演の報告を受けたバローグさんは、「雄勝中の生徒さんをドイツに呼びたい。支援をしてくれた人たちにこの『雄勝復興輪太鼓』をぜひ見せたい」と、私に連絡をくださったのだ。

ドイツの方々の日本に対する多大な支援を知った私は、「ご支援いただいた方たちに、被災者を代表して感謝の気持ちが伝えられるのならば」と快諾。また「震災で何もかも失った子どもたちに、一生忘れられない経験をさせてあげたい」と願うとともに、ドイツ訪問が、さまざまな取り組みをしてきたこの1年間のひとつの集大成になると思った。

保護者の方々もこのドイツ訪問にもろ手を挙げて賛成してくれた。これまでの「雄勝復興輪太鼓」の活動が、自分の子どものみならず雄勝の地域の方々を元気にしてきたことを保護者のみなさんも十分に承知していたからだ。なかには「子どもたちのために学校がそこまでやってくれるなんて……」と涙を流す保護者もいた。

こうして、バローグさんをはじめとする独日協会のみなさんや、さまざまな機関・団体・企業にも協力をいただいて雄勝中生全員によるドイツ公演が実現した。

3月17日、ゴスラー市のオデオン・シアターで600名の観衆を前に熱演を終えた私たち一行は、翌18日にフォルクスワーゲンの本社やサッカーチーム・VfLヴォルフスブルクがあることで知られるヴォルフスブルク市に到着した。

地域のコミュニティホール内にある会場に太鼓を運び込み演奏の準備をしていると、やがて次々と支援者らが集まり始め、開演前には客席はすべて埋まり、立ち見も出て、会場は立錐《りっすい》の余地もなくなった。

独日協会会長や同市国際友好協会会長らの挨拶に続いて、髭面でジーパン姿というおよそ「校長」のイメージとかけ離れたスタイルのまま、私は、熱気あふれる客席に向かって次のようにお礼の言葉を述べた。


ヴォルフスブルクのみなさま、こんばんは。

雄勝中学校校長の佐藤です。

この度はお招きをいただきまして、心から感謝しております。

また、みなさま方から多くの温かいご支援をいただきましたことにつきましても、本当にありがとうございます。

今回、雄勝中学校、生徒31名と教員5名とで参りました。

東日本大震災における被災地を代表しまして、みなさまに感謝の気持ちをお伝えできることを嬉しく思います。

この生徒たちは、全員被災しております。

そして、ほとんどの子は家が流されております。

それでも多くのみなさまのご支援により、今は前を向いて頑張っております。

それでは、生徒のさまざまな気持ち、思いを込めた太鼓の演奏をぜひお聞きください。

ダンケシェーン。

期待と熱気あふれるなか、被災から現在に至る雄勝中と子どもたちの様子がスクリーンに映し出され、「雄勝復興輪太鼓」の演奏が始まった。

ゴォーン、ゴォーン。勇ましい銅鑼が鳴り響き、イヨッ！というかけ声とともに、ドゴンッ、ドゴンッと「伊達の黒船太鼓」の始まりを告げる太鼓が打ち鳴らされる。

揃いの「たくましく生きよ。」Tシャツを着た31名の中学生が足を大きく広げて踏ん張り、手を高く掲げて一斉に打ち据える。ドドドドッ、ドドドドッ。

その音圧と迫力のばちさばきが観客の度肝を抜く。

バァーン、バンバンバン。

「黒船」の出航を思わせる威勢のいい響きが会場を揺らす。

ドンドコドンドコ、ダンダカダンダカ。

「そぉれ！」

31人の気持ちがひとつになったタイヤ太鼓が観客の心をわしづかみにする。

さらに、オリジナル曲「ねがい～たくましく生きよ。」の躍動感あふれる多彩なリズムで、会場の興奮は最高潮に達した。

そして、新しい試みとして取り組んできたゴスペル合唱曲「あなたがいたから」で、静かに感謝と希望を伝える。歌詞の一部はドイツ語に訳して歌った。

♪　あなたがいたから　歩き出せた　あなたがいたから　笑顔になれた
あなたがいたから　人にやさしく　生きて　生きてこられた　♪

アンコールは再び、迫力の「黒船太鼓」だ。

この日、生徒たちは最高のパフォーマンスを披露した。

会場では、子どもたちの思いを込めた太鼓や歌声に、目頭を押さえる人も少なくなかった。万雷の拍手がいつまでも続いた。

長谷部選手も公演に駆けつけた

そこへ、思いもよらぬスペシャル・ゲストの登場がアナウンスされた。

サッカー日本代表チームのキャプテンを務め、地元のＶｆＬヴォルフスブルクで活躍していた長谷部誠選手が「雄勝復興輪太鼓」の演奏を聴きに来てくれたのだ。独日協会のみなさんの粋な計らいだった。

生徒たちは驚きとともに、憧れの選手の登場に大喜びだ。長谷部選手は、トップアスリートが放つ華やかなオーラとともに登壇すると、子どもたちにこんなエールを送ってくれた。

みなさん、はじめまして。長谷部誠です。

今日はわざわざドイツに来ていただき、素晴らしい演奏をしていただきありがとうございました。

震災によっていろいろなものが失われました。

正直、僕には理解しようとしても理解できるものではないと思います。

ただ、みなさんの演奏を聴いて、震災によってこれまで巷にいろいろなものがあふれましたが、今日の演奏が一番心に残りました。

雄勝、東北、日本をつくっていくのは、本当に若いみなさんです。

もちろん僕も若いですけど（笑）、一緒になって日本をいい国にしていきましょう！

今日は本当にありがとうございました。


ドイツのみなさんの温かいもてなし、そして長谷部選手の熱い激励。

それら、さまざまな思いを受けて、生徒の代表が最後にこう挨拶を返した。


ドイツのみなさん、こんにちは。

僕たちはみなさんに会えて、とても嬉しく思います。

1年前の3月11日、東日本大震災発生。

大地震とともに想像を超える巨大な津波が、僕たちの故郷を奪いました。

大事な家族や家、大切な思い出の品をすべて失ってしまいました。

しかし、僕たちは今まで多くの方々からご支援を受けながら、震災に負けずにいろいろなことを頑張ってきました。

そのなかで、僕たちの故郷の伝統芸能である「伊達の黒船太鼓」を、「雄勝復興輪太鼓」として全校で心をひとつにして取り組んできました。

そして今日、ドイツでの演奏会をもうけてくださった日独協会の方々にとても感謝しています。

震災後、ドイツの方々からたくさんの支援を受けた日本の代表として、感謝の気持ちをこの太鼓を通してみなさんに伝えられることができたらうれしいです。

これをきっかけに、ドイツのみなさんと親交を深められることを願います。

今日は本当にありがとうございました。

「みんな少しは強くなれたかな」

翌19日には、ブラウンシュヴァイク市にある、ドイツで最も古い歴史をもつギムナジウム（中高一貫教育校）のマルティノ・カタリネウム校を訪問。同校の授業を参観させてもらった後に、同校をはじめ近隣の学校の生徒らを前に講堂で演奏した。この日は、独日協会と地元ブラウンシュヴァイク新聞社の共催ということで、演奏の前後に記者会見とシンポジウムも行われた。

私は「震災によるものすごい惨状のなかで、奇跡的にも生徒全員が無事だったということから、私たちの『前へ、前へ』という活動が始まった。その結果、こうしてドイツに来てタイヤの太鼓を演奏するとは夢にも思わなかった」と正直な気持ちを吐露した。

そして、被災した子どもをドイツに連れてくることの意味を私はこう伝えた。

「この子たちは津波によって、ほとんどのものを失いました。今も仮設住宅住まいだったり、学校（の校舎）も間借りの状態です。そうしたなかで、この子たちが唯一手に入れたのがこの〝輪〟太鼓の演奏です。ドイツで演奏するという、普通ではできない体験は、何もかも失ったこの子たちにとってすごく大きな心の財産になると思います。また、今回のお話をいただいたときに、ぜひドイツへ行ってみなさま方に感謝の気持ちを伝えたいと思いました。そのことも彼ら、彼女たちにとって大きな励みになると考えてやって来ました」

生徒たちも記者の質問に、

「演奏する場所でたくさんの拍手をもらえたり、みんなに感動を与えられるという体験を通じて、つらいことを忘れることができました」

「いろいろな支援をいただいている方に感謝するという気持ちを学べたことで、自分が変われたかなと思います」

「自分が生きている間に、こういうこと（大震災）が起こるとは全然思っていませんでした。やっぱり大切なものをなくしたり、すごく悔しいし悲しいですけど、こういう（ドイツでの演奏）経験ができたから、みんな少し強くなれたかなと思います」

と答えていた。

記者たちからは、

中世の街並みを遺すブラウンシュヴァイク市で、演奏の合間に買い物を楽しむ。

ドイツ公演旅行の有終の美を飾るドイツ外務省ロビー（ベルリン）での熱演。

「今日は素晴らしい演奏をありがとうございました。Tシャツの背中に書いてあるように、日本にお帰りになってからも、〝たくましく〟生きてください。私たちも震災後の日本の状況を報道し続けていきます」

というありがたい言葉もいただいた。

さらにこの日は、ハノーバー市にあるニーダーザクセン州の首相府を訪れ、ロビーを会場にしてデヴィッド・マクアリスター首相（当時）の眼前でも演奏。首相のジョークの効いた「（職員の）目を覚ますような演奏を期待しています」の言葉に応えるかのように、迫力満点の演奏を聴かせ、予定をオーバーしてのアンコールまで披露した。

そして、最終日20日の演奏会場は首都のベルリンにある外務省のロビー。200人を超える観客を前にしての勇壮なパフォーマンスは、まさにドイツ公演の有終の美を飾る素晴らしい演奏だった。日本からも多くの取材陣が訪れ、この日の様子は日本でもニュースとして流れた。

「ドイツのみなさんに温かく迎えていただいて、子どもたちものびのびと演奏することができました。また演奏を聴いていただいた方から、元気と勇気をいっぱいもらったという多くの声も聞きました。子どもたちもすごい励みになったと思います。大変な思いをしてきた子どもたちですが、今回の経験が生きる勇気につながったと思います。ドイツのみなさんから大変な財産をいただいた、そう思っています」

インタビューに答えながら、この1年間の怒濤のような日々が思い返された。

生徒たちの〝たくましく生きる〟姿に、私の胸には万感の思いが去来し、涙をこらえることができなかった……。

1年間を共に乗り越えた
雄勝中学校最強スタッフを紹介します(肩書きは当時)

阿部紀子 教頭（美術・前列左から2人目）

彼女無くして雄勝中の今は無い。自分の家も全壊しながら、避難所になっていた学校から4月に転入。持ち前の明るさと行動力で最強軍団を束ねリードしてきた。「輪太鼓」の台のデザイン、旗やのぼり、Tシャツのデザインなども手掛けた。

熊谷雅幸 教務（社会・後列左から4人目）

大胆にして繊細。校長からの急なスケジュール変更など多くの難しいオーダーをすべて受け止めて対応。確実さと臨機応変さを兼ね備えたスーパー教務。兄貴分として周囲の信頼も厚い。

千葉珠江 教諭（音楽・前列右端）

人柄のかわいらしさと茶目っ気そして心配りはさすが。日本初のゴスペルの授業を受け入れ、仙台ゴスペル・フェスティバルでの指揮は感動もの。つい涙を誘うほど生徒を乗せる。「東京駅で太鼓を打てたら」というつぶやきを校長がキャッチ。そのひと言が「輪太鼓」を大きく羽ばたかせることに。

佐々木裕 教諭（国語・後列左から3人目）太鼓担当主任

「輪太鼓」の命名者。彼の緻密な練習計画のもと、「伊達の黒船」も「ねがい」も完成。どんな形態のステージにも瞬時に対応する力はすごい。彼がいてこそ、「輪太鼓」は完成した。そして「輪太鼓」は進化し続ける。

瀬戸千恵子 教諭（美術・前列左端）

彼女の震災後の活躍は言葉では言い表せない。自宅は全壊。避難していた妹の家から自転車で20㎞も離れた被災地に向かう。学校が再開してからは、給食担当、支援物資担当と復興最前線で彼女は奔走する。彼女の仕事ぶりはまさに獅子奮迅のごとく、「有事の瀬戸」と呼ばれることに。

阿部佳広 教諭（英語・後列左端）

誠実、実直、冷静、礼儀正しさ、まさに男である。常に全体を見回し、細部に心を割く。「たく塾」担当の研究主任。ドイツ行きも緻密に細案を立て着実に実行。気配り、目配りは群を抜く。

平塚喜久雄 教諭（体育・後列右から3人目）

3年生担任。被災時、避難した山（森林公園）からの脱出、生徒の安否確認と一番に奔走した。ガソリンがないなか、何時間も並び、愛車をどろどろにしながら、危険な峠を越えて何度も現地に通った。そして彼の友人たちこそが全員の上履きを調達してくれたのだ。

扇谷正輝 教諭（理科・後列左から2人目）

2年生担任。飯野川校での学校再開の第一提案者。草だらけのテニスコートを生徒と一緒に蘇らせた。仮設建設業者とのドラマも生まれる。テニス部4人で高い目標を目指す。テニス理論では右に出るものはいない。

坂下祥子 教諭（数学・前列右から2人目）

1年生担任。常に明るく、生徒を元気に引っ張る学級経営は校長も一目を置く。避難した山のなかで完璧な「手書きの生徒名簿」を作成したのは彼女。1年生がのびのびと元気に成長したのも彼女がいたから。

勝見真菜 養護教諭（後列右端）

新任。着任早々、長靴と運動着で廃墟と化した学校へ。保健室も何もないところからスタート。しかも、給食主任、支援物資担当、心のケア担当と奔走。新人らしからぬ動きで生徒をサポート。全力で駆け抜けた教師1年目。

湯浅 浩 教諭（数学）

東京都からの震災復興派遣教諭。着任初日から全国TV放送デビュー。博学、緻密でどこかマイペース。微に入り細に入り学校をサポート。「まりコンロ」（林真理子さん寄付の卓上コンロ）「たくましく吹けよ」（扇風機）などを命名。支援物資担当として足跡を残す。

石母田泰行　講師（英語・後列右から２人目）

週20時間講師でありながら、ボランティアで部活指導や教員のサポートとして終日学校で過ごす。生徒と距離が近く兄貴分として存在。よく気がつき、よく動く。

千葉文人　主事（後列右から４人目）

想像を超える数の来校者、電話にも常に優しくていねいな対応は定評がある。生徒全員の被災による就学援助の手続きを熱意をもって完了させる。その他震災対応の煩雑な事務作業を一手に担当する。

千葉俊悦　用務員

誠実なその仕事ぶりに周囲からの信頼は厚い。雄勝の住人であった。自宅は全壊流出。しかし、彼が持っている雄勝の方々の人脈や情報は学校運営に大きくプラスに。地元のことは千葉さんに聞け。

高橋良徳　前用務員

輪太鼓の台60個を２日間で仕上げる。できないものはない「何でも屋」。再開間もない校舎をどんどん改良。生徒からも慕われる。しかし心を残して２０１１年７月に異動。その後は、給食センターから雄勝中学校を支援（ときにたくさんカレーが届いたり）。

畠山良彦　前教頭

その人柄と優しさで、保護者、地域の方の信頼は絶大。震災時の「外へ出ろ」は彼のひと声。３日間山でともに過ごす。離任式での「喜怒哀楽」の書は本校の心のケア指導方針の中核となる。涙を残し２０１１年４月に避難所となっている気仙沼の中学校へ異動。

立身有梨　前養護教諭

持ち前の明るさと行動力で職員の信頼が厚い。自宅は全壊。３日間山でともに過ごし避難生徒の対応に当たる。笑顔が素敵で生徒の人気も高く心のケアの第一人者。同じ雄勝地区の大須小学校へ移動。８００人を超す避難所対応に奔走した。

2011年4月20日、石巻北高飯野川校への引越を前に、仮職員室で最後の1枚。
（前列中央が著者）

第1章
2011年3月11日、雄勝の町が消えた

「たくましく、生きてほしい」

２０１１年3月11日。その日は、雄勝中学校の卒業式であった。

校庭には前日の雪がうっすらと積もっていたが、外気の寒さに比して、式場となった体育館には卒業生、在校生、教職員、そして保護者の方々が集い、いつになく熱気と高揚感にあふれていた。

私にとっても雄勝中に赴任して初めての卒業生を送り出す記念すべき卒業式だった。29名の卒業生のために、私たち教職員は心を込めた卒業式を準備していた。卒業生一人ひとりの幼い頃の写真をスライドにして映し出し、それを式に集った全員で見比べ、子どもたちの成長を祝った。自分の子どもだけでなく、子どもたち全員の旅立ちをみなで祝福した。素晴らしい卒業式だったと思う。

そして式辞の最後に、私は卒業生にこう語りかけた。

「たくましく、生きてほしい」

これは宮城・石巻管内でも〝僻地〟とされる雄勝から旅立っていく子どもたちに、どんなときもどんな場所でも臆することなく、胸を張って生きていってほしいという私からのメッセージだった。

しかしこの言葉が、その後の子どもたちの過酷な運命に寄り添うかのように大きな意味を持つことになろうとは、このときはまだ思いもよらなかった……。

卒業式が終わり、体育館で全員の集合写真を撮ったときは、予定時刻を超えて時計の針は午後1時を指していた。その後、さらに校庭で在校生・教職員たちが並んで卒業生を送り出した。こうして感動の卒業式を終えた卒業生、在校生らは、午後1時40分には全員が下校したのだった。

15名ほどの教職員が校長室に集まって、遅めの昼食をとりながら式の成功を喜び合った。その後、式の片づけに体育館に向かい、それも終えて午後2時30分頃には全員が職員室に戻っていた。小休止をとりながら、私たちは無事に生徒たちを送り出すことができた安堵感に包まれていた。

午後2時46分。すさまじい揺れが起こった。あまりの強い地震に校舎の崩壊が頭をよぎった。畠山良彦（前）教頭と私も思わず「外へ避難しろ！」と声をあげていた。

全員が飛び出すように校庭に避難した。校庭に出てみると地面には亀裂が走り、校舎はまさしく崩落するのではないかと思えるほど大きく激しく震えていた。このとき「死」への恐怖がよぎったのを鮮明に覚えている。やがて長い長い揺れがおさまり、再び校舎に戻ってみたが、なかは棚や机、椅子がひっくり返り、文具や資料などすべての物が散乱し足の踏み場もないほどだった。

しかし、その惨状を呆然と見ているわけにもいかなかった。すぐさま「次は津波が来る」と直感した。以前から想定される宮城県沖地震が発生した場合、雄勝には十数分で津波が到達するという予測が出されていた。実際に、2日前の3月9日に震度5の地震があった際に、学校裏を流れる大原川（川幅約5メートル）で10センチ程度の津波を私自身もこの目で確認していた。

そうしたこともあり、日頃から生徒が学校にいた場合は校舎3階か屋上へ、もしくは前方の山へ避難誘導する、生徒がいない場合は車で雄勝森林公園へ避難しようとシミュレーションがなされていた。

私たちは、近くにある「森林公園に行こう！」と互いに呼びかけながら、それぞれ自分の車に飛び乗った。はかま姿だった女性教員２名を含む３名は他の車に分乗し、十数台の車が公園のある山に向けて一斉に発進した。しかし、あれほどまでにすさまじい津波が来るとは、そのときはまったく想像していなかった……。

避難の途中で、「大津波警報発令」のサイレンがけたたましく町中に響いていたことだけは覚えている。しかし、その警報音を背中に聞きながら、私たちは一心不乱に、森林公園に向かった。したがって、私たちは雄勝の町が21メートルに達した津波に飲まれていく光景は目にしていない。後になってそのときの映像を観たが、車が流され、家がなぎ倒され、巨大な津波が町を一気に飲み込んでいく様子に、改めて背筋が凍る思いがした。

避難路となる公園に続く一本道は、途中、地震による落下物などが散乱している場所もあったが、渋滞することもなく車を進めることができた。初動が早かったためか、地域の方よりも早く真っ先に公園に着いたのが私たちだった。

しかし、その途中で家族の安否を確かめに行った１名の職員が、自宅ごと津波に流されたのを後になって知ることになる……。

孤立したなかでの安否確認

森林公園には、難を逃れた地域の方々が次々と集まってきていた。そこでまず、13名の生徒の無事を確認することができた。私たちは、避難してきた子どもたち一人ひとりに「怪我はなかったか」「家族は大丈夫か」など声をかけ、無事を喜びながら安否確認をしていった。生徒たちも級友や私たちの顔を見て、少しは安堵したかのように見えた。

避難直後はすぐにでも学校に戻れるだろうと思っていた私たちは、その後続々と避難してくる住民から「雄勝壊滅」の報を受けることになった。それでもこの目でその惨状を見るまではどうにも実感が湧かなかった。子どもたちも同じだったのだろう。その現実を拒否するかのように、いつも以上に元気だった。

生徒たちに地震に襲われたときの様子を聞くと、自宅に戻ってテレビを見ていたり、友だちと遊ぶ約束をして待ち合わせをしているときだったようだ。そのために、ほとんどの生徒が体ひとつで逃げてきていた。なかにはサンダル履きのまま逃げた生徒もいた。

そこで、職員が車に積んでいた服や靴を分け与えたりしたが、それでも東北の寒い夜をどう過ごすかが大きな問題だった。幸い車で逃げてきたので、その中で何人かが身を寄せ合って暖をとることができた。こうしてその日は生徒たちと夜を一緒に過ごしたのだが、余震のたびに緊張が走り、また、自衛隊だろうかマスコミだろうか、夜空に舞うヘリコプターのプロペラ音とライトでとても眠れる状況ではなかった。津波が地上の灯を消し去り、避難してきた住民たちも暗闇のなかで恐怖と不安に震えていた。

眠れないまま子どもたちと一緒に夜空を見上げると、漆黒の闇のなかで星たちは異様なまでの輝きを放っていた。

翌3月12日の未明。

私たちは、山を下り、町が津波に飲まれた光景を初めて目にした。誰もが言葉を失った。自然の猛威の前では、いかに人間が無力か、変わり果てた雄勝の町を呆然と眺めるしかなかった。うっすらと雪をかぶった山々を見つめて「子どもたちが生きていてほしい」とただひたすら願うしかなかった。

この惨状を見て不安に駆られた、石巻市街地に自宅がある教職員を、家族の安否や自宅の被害状況を確認するため帰宅させることにした。市街地に行くには危険な峠を越えていくことになるがやむを得ないと判断した。何しろ森林公園にいても情報がまったく入ってこない。かろうじてカーラジオでＮＨＫのニュースは受信できるものの、震災の規模があまりに大きく、石巻・雄勝に関する情報がほとんど入ってこないのである。

携帯電話もつながらず、電波がつながる場所はどこなのかもわからなかった。この頃、仙台に住む私の家族（当時私は雄勝に単身赴任して家を借りていた）も「雄勝壊滅」の情報を聞き、何とか状況を知ろうと必死で行政や警察に連絡し続けたが、何もわからなかったそうだ。

こうして教職員たちを送り出し、公園に残ったのは、私のほかに畠山（前）教頭、３学年学級担任（当時）の坂下祥子教諭と立身有梨（前）養護教諭。ひき続きこの４名で、生徒の健康観察や安否確認のための情報収集に明け暮れた。

近くの農家が米と味噌を差し入れてくれて炊き出しも始まったが、１日１個か２個のおにぎりが配られるだけ。私たちの分は、全部生徒たちに分け与えた。

この日には、学校の裏山に避難していた雄勝小学校の職員が子どもたちを誘導して森林公園にやって来た。この小学生たちのために、中学生らがキャンプ用テントを設営するなどの働きを見せた。自宅が流され、家族の安否が確認できずにいるなかで、生徒たちが健気に働く姿がそこにあった。

しかし、雄勝の地域一帯は完全に孤立した状態で、支援などが来る状況にはなく、正確な情報もまったく入ってこない。例えば、「地震のときに雄勝中生がコンビニの前にいた」とか、「○○の店で卒業を祝う会をやっていた」という情報があっても、それを確認するすべがない。生徒の安否確認や避難先、被災の様子など、全体の状況がまったく把握できないのだ。

そこで、私はこの段階で、今までの情報や状況からもうここには生徒が避難してくることはないだろうと判断し、森林公園を出る決断をした。生徒を残して公園を離れるのは後ろ髪を引かれる思いだったが、他の生徒の安否が心配でならなかった。同じく避難していたＰＴＡ会長（当時）の杉山健一さんに生徒たちを託す、苦渋の選択をした。

こうして３日目（３月13日）の朝、私を含む４名の教員は公園のある山を下り、雄勝地区からいったん離れ、それぞれ自宅に向かった。教員たちも避難してきた生徒たちのケアやまだ安否がわからない生徒の情報収集に追われ、家族とも連絡がとれずにいた。

それまでの間に私たちは卒業生も含めた雄勝中全生徒77名の名簿を作成した。パソコンはもとより、学校の資料もすべてのものが流されたが、全校生徒一人ひとりの名前をすべて記憶していた坂下教諭が「私がつくります」とたまたまあった用紙の裏に手書きで記した。この「手書きの生徒名簿」も生徒たちの安否を確認するための大きな力となった。

瓦礫のなかにできた「道」

雄勝を離れる前に、私たちは現状を記録しようと被災地域に入った（私は幸いにも避難する際、一眼レフを持って車に飛び乗った。以後、復興の歩みを撮り続けることになる）。

雄勝は宮城県の東北部にある太平洋に面した町だ。文化遺産も多く歴史ある町だが2005年4月1日、市町村合併により新生・石巻市の一部となった。町の面積の8割は森林が占めるが、住民の多くは南三陸金華山国定公園に指定されている雄勝半島南側の雄勝湾沿岸に暮らしている。ホタテ、ウニ、アワビ、カキなどの海の幸に恵まれ、６００年もの歴史を持つ「法印神楽」や日本一の「雄勝硯《すずり》」の産地としても知られる。リアス式海岸が美しい海沿いののどかなこの町には、４３００名の人々が暮らしていた。その町が消えていた……。

津波による被害は私たちの想像を超えていた。町のほとんどは壊滅状態で、瓦礫の山となっていた。家という家は根こそぎ剥がされ、流されたバスが高さ約10メートルの2階建ての公民館の屋上に載っていた。雄勝の町は一瞬にして消えたのだ。かろうじて校舎の枠だけ残した雄勝中が、瓦礫のなかに虚しく浮かび上がっていた。

卒業式を行った体育館は跡形もなく流されてしまい、階段だけが残った。校舎正面最上部の時計がねじ曲がっており、津波が屋上を越えたことを示していた。校舎に残っていたら間違いなく津波に飲まれていただろう。校舎の裏側にはさまざまな瓦礫が突き刺さり、校長室は壁が突き破られ、職員室は瓦礫に埋もれた廃墟と化していた。

それでも雄勝の町では、瓦礫のなかにすでに「道」ができていたことに、私は驚き感動した。道がなければ行方不明者の捜索もできず、山へ避難した人も身動きがとれない。そう考えた人が、この大変な状況のなかで、とにかく重機を入れて真っ先に「道」をつくったのだろう。森林公園の避難所でも、みなが協力して炊き出しを行い、食べ物やいろいろな物を分け合った。自分だけよければという人はいなかった。じつに整然としていた。

震災によって、私は改めて人間のたくましさ、強さ、そして優しさを知った。

子どもたちは全員無事だった！

私たちは被災地を後に車で森林公園からさらに山を登り、峠を越えて石巻市街地へとつながる稲井地区へ向かった。ふだんは30分程度の道のりが、雪や土砂崩れの影響で3時間を要した。こうして全職員が峠を越えて、それぞれ自宅へと向かった。

私は、坂下教諭と仙台にあるNHK放送局へと向かった。雄勝の情報がなかなかラジオでも入ってこないので、最新の情報と写真、映像を届けに行ったのである。しかしN

ＨＫも混乱しており、私たちの話は聞いてもらえず、写真データを提供したが以後使われることはなかった。その後、坂下教諭を自宅まで送り届け、家族が暮らす仙台へと車を走らせた。

３日ぶりの家族との再会。感激の対面――のはずだったが、なぜか家はもぬけの殻だった。後でわかったことだが、私の安否を確認しに家族と義理の兄とで雄勝まで探しに出かけていたという。しかし、堤防決壊で雄勝に近づけず、避難所の飯野川中に下りて来るヘリコプターを最後まで確認していたという。そうとは知らない私は、とにかく森林公園では食事らしい食事をとっていなかったので、家にあった七輪でひとり、米を炊いた。

ライフラインもまだ復旧しておらず、暗くなっても帰って来ないので、これはきっと近くに住む義兄夫婦の家に身を寄せているに違いない。そう思った私は再びハンドルを握り義兄宅に向かった。そしてドアをノックすると――、雄勝から戻っていた妻と２人の子ども、そして義兄夫婦家族は明日また探しに行こうと励まし合っていたところに私がひょっこり現れたので驚き感嘆し、手をとり抱き合った。そうして本当に生きていたという温もりを確認し、その後は喜びの涙、涙にくれた。

さて、こうしてそれぞれが雄勝を離れた私たちだったが、今度はガソリン不足でガソリンが入手できなくなり、雄勝地区に戻れないという事態が生じていた。これでは安否確認が進まない……と焦ったが、なすすべもない。

そんななかで、瀬戸千恵子教諭が自宅が全壊流失したにもかかわらず、20キロも離れた避難場所から自転車をこいで峠を越え、私たちが森林公園を離れた3月13日から3日間にわたって雄勝地区に入り、生徒の安否確認を続けていた。この結果、震災~津波~避難と災禍が続くなかで、雄勝地区に私たち雄勝中の教職員がいなかった日はなかったことになる。このことが、後々保護者や地域の方からの信頼を得ることにつながっていった。

こうして教職員たちの手によって安否確認の作業は続けられていたが、「拠点」をつくらないとなかなかそれも捗《はかど》らないと考えていた。そう判断した私は、雄勝地区の人が多く避難してきている飯野川中学校の一室を借り、仮職員室を設置することにした。私もガソリンスタンドに勤めていた教え子の工藤正俊君になんとかガソリンを工面してもらい、ようやく動きがとれるようになっていた。

周囲の学校では最も早い仮職員室の設置だった。後になって３校が飯野川中に仮職員室を設けたが、私たちのほうが早かったためにパソコンルームを借りられたことが功を奏した。電気が通った７日目からはインターネットがつながり、テレビもあったので情報が入りやすくなった。

また、仮職員室ができたことで、避難している雄勝の人たちがひんぱんに訪れるようになった。避難所から支援物資を持ってきてくれたり、いろいろな情報も教えてくれた。地域の人たちがここを頼りにしてくれていることがひしひしと伝わってきた。私もそこに泊まり込んで地域の人たちの安否情報などを集め、得た情報を窓に貼り出すなどして情報発信をした。ここを拠点にすることで動きが加速された。飯野川中でお世話になった1カ月間、遠藤勝則校長先生（当時）をはじめ職員の方々には本当によくしていただいた。後に「たくましく生きよ。」の校訓を書いていただいた吉田敬子先生には、歯ブラシセットをいただいたり、電気ポットをお借りしたりとその心配りが、どれだけ一人で寝泊まりしている身に染みたか。感謝の気持ちは言葉にならない。

忘れもしない3月19日午後7時6分。ついに雄勝中生全員の無事が確認された。最後まで確認できなかった男子1名の生徒を避難所で見たという情報が坂下教諭からもたらされたのだ。このときは本当に嬉しくて、一人で何度もガッツポーズをした。

私は仮職員室のホワイトボードにこう書き記した。

「3／19　19：06全員確認　バンザイ。奇跡だ！」

結局、全員の安否を確認するまでに8日間を要した。避難所が十数カ所に分かれていたためにそれだけの時間を要したわけだが、凄まじい惨状のなか、それぞれバラバラに逃げていた生徒たち全員が助かったのだ。これは奇跡だと思った。

私が卒業式に生徒たちへ贈った言葉、「たくましく、生きてほしい」を地でいくように、生徒たちはあの襲いくる津波の猛威のなかを生き延びたのである。何とか全員無事でいてほしいという、全教職員の気持ちが通じた。

雄勝中生は、たくましく、生きていた。

それまで私は、眠れない日々が続いていた。「地震直前まであそこにあの子はまだいたよ」といった口コミ情報に加えて、「仙台の荒浜で多くの遺体が上がった」など、さ

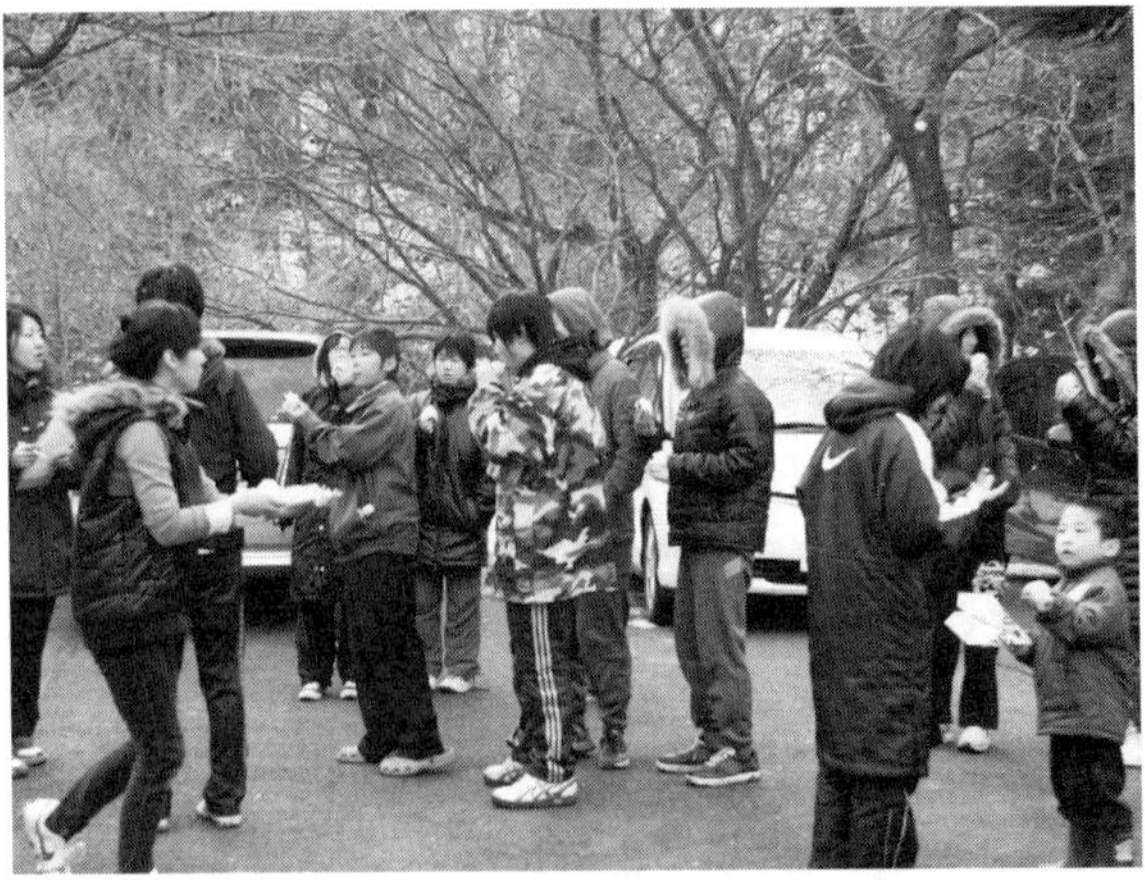

避難所となった森林公園。長く寒い夜を生徒たちとともに過ごした。

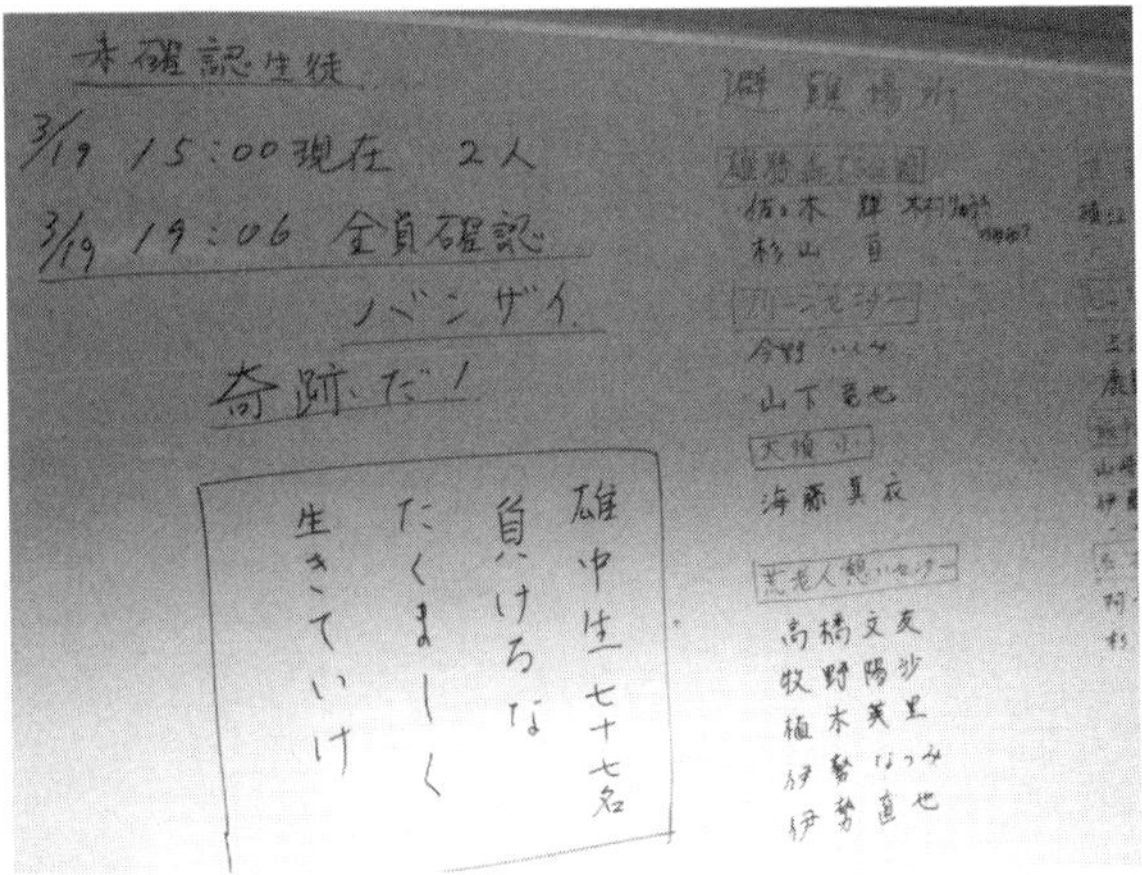

2011年3月19日、生徒全員の無事が確認された。バンザイ！

まざまな報道情報が入ってくる。それらは凄惨な情報ばかりで、本当に悶々とする毎日だった。

ところが全員の無事が確認でき、これでゆっくり眠れるかと思っていたら、今度は逆に興奮して眠れない。

そのときのメモを見てみると、私はこう書いている。

「全員無事の確認に安心して眠れるかと思ったが、少し興奮していたのかほとんど眠れずに朝を迎える。いよいよ再生に向けてのスタート。職員一同、今まで以上にひとつになって、生徒のために雄勝のために頑張らねば……」

安堵感と同時に、これからの雄勝中をどのようにして再開していけばいいのか、学校や教育が子どもたちに何をしてやれるのか、その思いや悩みで、その晩も一睡もできなかった。

それでも夜中の3時、地域の方々にこのことを知らせなければと、模造紙に「全員無事」と書き記し窓に張り付けた。すると未明に避難所から出てきた方々が張り紙に気づき、拍手が湧き上がった。

明日をどう生きるかという状況のなかで子どもたちが全員無事だった。これは、地域の方々にとって暗闇のなかに一点の光を見る思いだったに違いない。雄勝の中学生が全員生きていた。このことは地域の未来につながる。このとき私は、子どもこそが宝だと、復興の光だと確信した。あの惨状を生き延びた子どもたちに、学校教育に何ができるのか、学校すらなくなったなかで。そんな思いに押しつぶされそうになった長い夜だったが、この光景を見たとき、「学校教育こそがあの子たちを支えるんだ」と覚悟を決めた。生涯忘れることのできない瞬間である。

第2章——学校再開、雄勝中再生へ

3月20日を「雄中の日」に

卒業生を含め、77名の生徒全員の無事が確認された。この日を境にして学校は「再開」へと大きく動き出した。今だから言えることだが、正直言って何人かの犠牲は覚悟しなければならないという不安はいつも頭を離れなかった。ところが雄勝中では、震災の犠牲になった生徒が一人もいなかった。ゼロか1かというのはとても大きな差だったと思う。ただし、母親を亡くした生徒が4名いた。海沿いの病院の職員として津波が来るまで患者さんたちの避難にあたり、また役場の職員として働いていて犠牲になったのだ。

さらに、先に記したように両親の安否を確認しに行った職員も津波に飲まれた。しかもこの職員の葬儀が行われたのは、震災から8カ月後の11月になってからだった。ほかにも安否のわからない家族がいて、その確認を待ってのことだった。被災地ではいまだに、このように葬儀を行えなかったりためらったりしているご家族がたくさんいるのだ……。

それでも私たちが、3月19日を境に前へ前へと動き出せたのは、生徒全員の無事が確認できたことが非常に大きかった。

私は全員の無事が確認できた翌日３月20日を、「雄中の日」に制定することとした。その後、毎月20日が「雄中の日」として刻印されてゆく。全員が奇跡的に無事であり、雄勝中学校が再生に向けて新たなスタートを切った日だということをいつまでも忘れないために。

そして、その翌21日には、なんと津波で流されたはずの校旗が見つかった。震災当日の卒業式で壇上に飾られていた校旗が、学校から離れた場所で泥だらけになっていたのだ。それを地域の方が見つけて届けてくれた。ちなみにこの校旗は泥のついたまま、今でも校長室に掲げてある。

それを見たときに私は運命的なものを感じて、「これを学校再生のシンボルにする」と決めた。そして、思いきって翌22日に生徒を集めてみることにした。

まだ、ガソリンもない、道路も分断されているなかでも、とにかく集められるだけ声をかけてみようということで教職員が手分けして連絡をとった。その結果、卒業生も含めなんと半数近い33名の生徒が集まってくれた。

「うわ～、久しぶりー」

「元気だったー？」

「会いたかった！」

あちこちで登校してきた子どもたちの歓声が沸き起こる。

久しぶりに会うみんなの顔、顔、顔。本当に嬉しく、再会を喜び合った。さらに本来なら終業式になるはずだった24日も集合日にした。それから、毎週木曜日を集合日とすることにした。

1週間に一度とはいえ、各地に散らばっている避難所から集まるのは大変だろうと思ったが、それが張り合いになったのだろうか、後に保護者からは「登校日に行くたびに、笑顔が見られるようになった」という声を聞いた。

避難所でただ毎日何もすることがなく過ごすよりも、1週間に1日でもみんなと顔を合わせればいろいろな情報が入ってくる。校庭で体を動かしたり教員が用意したプリント学習をしたりして過ごせば、生徒たちの心のケアにもつながる。そう思って実行したのが、生徒や保護者の方々にも好評で、早くから集合日を設けてよかったと思った。

その間、部活動も行った。そのうえ無謀にも、お世話になった飯野川中の野球部に練習試合まで申し込んだ。雄勝では家や仕事を失って町を出て行く人が多く、雄勝中でも当初、半数以上の生徒が転校を検討していた。転校していく生徒のために、離ればなれになる前にもう一度、みんなで野球の試合がしたい。そして、毎日避難所暮らしの生徒たちに目標を持たせようと、野球部顧問の熊谷雅幸教諭、阿部佳広教諭が企画したものだった。

野球道具もユニフォームも全部、津波に流された。みんなバラバラのジーパンやジャージ姿。支援物資にあった不揃いの帽子を分け合い、グローブやバットも相手校に借りた。部員も2名が来られず、足りないメンバーはサッカー部から応援に来てもらった。

相手の飯野川中は地区の強豪校。保護者の方々や地域の人たちも応援に駆けつけ、胸を借りるつもりで臨んだ。「ワンヒットで1点だ」「打てるぞ、打てるぞ」と生徒たちも声をかけ合い、顧問の熊谷教諭も「打てなくてもエラーしても、絶対にあきらめることだけはすんな」と激励した。

生徒は、最後まで懸命に戦ったが結果はボロ負け。それでも、地域の方や保護者は、生徒たちのはつらつとした姿を見て、大きな励みになったと思う。転校していく生徒の母親も「みんな元気になって安心した。なんだか震災前にタイムスリップしたかのよう」と喜んでくれた。

集合日には、みんなで炊き出しもした。

何しろ生徒たちはほぼ全員が自宅を失っている。生徒たちは体ひとつで何も持たずに逃げ出していた。避難所でも決して恵まれた食事ではない。といっても当時は炊き出しの道具も手に入らなかった。そこで私がかつて勤務していた宮城教育大学附属中学校に鍋と薪ストーブを借りに行ったところ、「好きなだけ持って行っていい」と心よく貸してくれた。また大学時代の仲間もすぐさま募金を集めてくれ、それらの一部を炊き出しの材料費として使わせてもらった。全校生徒と教職員合わせて80人分を一度につくらなければならないので、食材の購入費だけで結構な物入りになる。このときの感謝の気持ちは決して忘れない。

その間の3月23日には、公立高校の合格発表もあった。避難所から集まってきた卒業生たち一人ひとりに合格証書を手渡した。しかし、なかには津波で親を亡くした生徒も

2013年3月3日。あの日から間もなく２年。津波で卒業証書もアルバムも失ったあの3.11の卒業生に２度目の卒業証書授与式を開催。せめて、これだけはしてあげたかった（アルバムも全員分を再作製し、配布）。

いた。一番喜んでくれるはずの人がそばにいない。正直言って、そんな生徒に向かって「おめでとう」はないだろうと思った。どんな言葉をかけてあげればいいのか思い悩んだ。悲しみや困難に負けず、たくましく生きていってほしい、そう願って励ますしかなかった。じつは在校生たちに対してはその後にさまざまなケアをしてきたつもりだが、あの日卒業していった生徒たちには何もしてあげられなかった。そのことが、今も心残りとなっている（2年後に二度目の卒業証書授与式を行った。65ページ写真参照）。

学校再生への第一歩

3月31日の集合日には、教職員の離任式も行った。周囲には卒業式前に震災が起きたことで、卒業式をできなかった学校もある。ましてや異動は教員サイドの問題である。そこにこの状況下の生徒や保護者を集めていいものか、正直、葛藤もあった。しかし、離任していく畠山教頭と立身養護教諭は、2人とも3日間子どもたちと一緒に夜を過ごしてきた。その後も子どもたちの健康を気遣い、またメンタルケアをしながらともに頑張ってきた仲間だった。さまざまな思いを残して離任していくわけだから、その思いを子どもたちに伝えてほしかった。

これも私の独断で強行したわけだが、生徒と保護者合わせて100名以上が集まり、温かい雰囲気のなか、涙、涙の離任式となった。県外に避難していた生徒や保護者も集まり、再会を喜び、転出する3名（高橋修平講師を加え）の教職員の身を切られるような言葉に、私たちは号泣し合った。

保護者の方々も感動してくれて、「やはり中学校生活は、ぜひ雄勝中で送らせたい」と声をかけてくれた。やはりこれはやってよかった、と思った。と同時にこのとき、私はある決意をしていた。

それまで保護者から「学校はどうなるんですか？　もし近くで再開されるのなら、町に残ります」「子どもがどうしても雄勝中に行きたいと言っている」といった多くの問い合わせと不安の声と、そして要望をもらっていた。とにかく雄勝中の拠点がどこになるのか、それが保護者や子どもたちの最大の関心事だった。離任式後の集会で私はこう宣言した。

「雄勝中学校を必ず復活させます」

じつは学校再開のために私は早くから水面下で動いていた。行政はパニック状態。行政の決定を待っていたら、いつまで経っても学校再開の目処が立たない。そう思って私は密かに動き出していたのだ。

仮職員室で毎晩遅くまで教職員たちと話し合うなかで、とにかく今現在、地域の方たちが一番多く避難している場所が飯野川地区であり、近隣で多くの空き教室がある石巻北高校飯野川校で再開してはという案が扇谷正輝教諭から提案された。雄勝中からは約15キロ離れているが、避難所に分散した生徒が最も通いやすい場所として、私も、もうここしかないと決断した。

そうして校区内の2校の小学校長と話し合い、さらに飯野川中に仮職員室を置いている大川中学校も含め、連名で石巻市教育委員会へ石巻北高校飯野川校での再開を要請した。ところが当初はまるで門前払い。石巻の学校全体の方向がまだ決まらないなかで、雄勝地区だけ特別扱いというわけにはいかなかったのだろう。さらに高校は県の教育委員会の管轄であるということも大きな壁となった。しかし、私はあきらめなかった。生徒たちのために、ぜひここで雄勝中を再開したかった。こうして再三再四の要請を重ねて、ようやく飯野川校への移転が正式に決まったのは４月４日の校長会の席上だった。決まった瞬間、私は待機させていた教職員に密かにメールを送り、職員たちはそれを首を長くして待っていた保護者のみなさんにすぐさま知らせた。さらに「雄勝中、再開へ」のニュースを印刷して、避難所に配るなどした。この「学校再開」のニュースに、保護者や生徒だけでなく被災している雄勝の町の人たちみなさんが喜んでくれた。

当初、半数以上の生徒が転校を検討していたが、こうして雄勝中再開の方向が決まったことで、多くの生徒、保護者が再び学校に戻る決断をしてくれたのだ。

新しい校訓は、「たくましく生きよ。」

再開を決めたとはいえ、生徒の半数以上は避難所から通うことになる。避難所ではパンやおにぎりなどの一日２食、夜９時消灯の生活を続けている。「上履きを下駄箱に入れて出迎えてあげたい」「学用品も運動着も揃えてあげたい」「部活動ができる環境を整えて、放課後も学校で活動させてあげたい」という思いから、全職員があちこちに支援を呼びかけ、学校再開の準備にあたった。一日入学に不安を抱えてやってきた新入生と保護者に「体ひとつで来てください。あとは準備します」と校長として言えたのは、すべて職員の努力のおかげである。

私もそれまで飯野川中の仮職員室に寝泊まりしていたのだが、飯野川校への移転を機に、自宅のある仙台から通うことにした。当初往復5時間の通勤だったが、被災された方の住まいを優先してほしかったので、部屋を借りたり仮設住宅に入ったりすることもしなかった。

学校を再開するにあたり、私は単なる再生ではなく、新生・雄勝中を目指して新たな改革をしたいと思っていた。まずは校訓から変える。それまでの雄勝中の校訓は「自主・敬愛・健康」だった。30年にわたる伝統のある校訓だったが、生徒たちも教員たちもふだんあまり意識することがなくなっていた。震災から立ち上がろうというこの時期の実態に合わないことから、何かみんなで心をひとつにできる、心を寄せられる言葉が欲しかった。

そこで私が考えた新しい校訓、それが「たくましく生きよ。」だった。

そう、私が雄勝中校舎最後の卒業式で、卒業生へのメッセージとして贈った言葉だ。これを新生・雄勝中の校訓とした。その後この校訓は雄勝中を語るうえで、欠かせない言葉でありメッセージ、そして再生へのシンボルとなった。今ではこの校訓を知らない生徒は一人としていない。

さらに、「互いに認め合い、支え合いながら、いかなる困難も自らの力で乗り越えようとする強い意志をもち、心身ともに元気に、たくましく生きる生徒の育成」という新たな教育目標も設定した。

また、学校内の組織・運営方法や校務分掌と呼ばれる教職員の係分担についても検討した。

これまでの学校教育は、あれもやらなければいけない、これもやらなければいけないという贅肉をいっぱいつけてきたような気がする。それがまた「教育現場の忙しさ」の理由のひとつになっていた。

しかし、雄勝中は震災で地域や校舎を失い、すべてをなくした。新たな学校づくりのためには、今までの余計な贅肉を削ぎ落とし、「子どもにとって本当に必要なこと」という教育の原点に立ち返って取り組むことを教職員と確認した。これまであたり前だった組織や行事に疑問と課題意識を持つことに躊躇しない。なんといってもこれまでと同様のことができる環境になかった。

具体的にいえば、月に一度の職員会議をやめた。震災後から飯野川中に仮職員室をつくり、私は寝泊まりをして教職員とも毎日顔をつき合わせて、密接に情報交換をしてきた。あえて職員会議というスタイルにこだわる必要はないと思った。生徒指導関係は毎朝の打ち合わせで行い、学校行事や新しい課題、提案等についての協議は2週に1回のミーティングで行うことにした。

それまで毎月行っていた研究会も凍結した。雄勝中では学力向上のための研究を私が先頭に立って推進してきたが、今はその時間があったら少しでも子どものそばに寄り添うことが最優先だと判断したからだ。また視点を変えれば、新たな学校づくりという意味で、大きな研究をしているのだという共通認識を持つことにした。

さらに校務分掌では、これまでの細分化、複雑化した係分担を大幅に整理し、最小限の分掌で学校運営を試行することにした。例えば、「特別活動」「研修」「図書」「同窓会」といった緊急性のない役職には教員を配置しなかった。また整理するだけでなく、新たな担当係も設けた。支援物資担当主任、心のケア担当、復興主任を決め、現状に対応できる組織化を目指した。さらに本書の冒頭で記した「雄勝復興輪太鼓」のために、太鼓主任も置いた。

このように被災をマイナスとしてだけでなくひとつのチャンスととらえて、学校教育そのものを見直していく、教育の原点に立つ。そうした視点で、その後の１年間に取り組むことにしたのだ。

新しい上履きが子どもたちを待っていた

４月21日。新入生も含めて51名の生徒が集まり学校が再開された。

本来なら79名の生徒で新学期がスタートするはずだった。

「あーっ、下駄箱に新しい靴が入ってる⁉」

「やった～！」

「うわぁ、サイズがぴったりだ」

子どもたちは体ひとつで逃げたので何も持っていない。せめて上履きくらいは学校で用意してあげたい。学校に来たら自分の足に合った靴が下駄箱に入っていた、そんなふうに子どもたちを迎えてあげたいと思っていた。

まさしく教職員の努力の賜である。平塚喜久雄教諭の友人たちから生徒全員分の靴を提供してもらうことができた。それまでに、教職員たちは生徒一人ひとりの足のサイズを確認していた。こうしたことを通じて私たちは、生徒たち全員の体のサイズや頭のサイズなど、すべて把握するようになっていた。

こうして学校再開の日、下駄箱には全員の上履きを揃え、生徒たちを迎えることができた。生徒たちもまさか下駄箱に新品の靴が用意されているとは、予想もしなかっただろう。とても喜んでくれた。バッグや文房具などもさまざまなボランティアの方々の協力を得てできるだけ揃えた。着任したばかりの阿部紀子教頭も友人へ電話をかけまくり、支援物資を集めてくれた。そのような準備をしてくれた教職員たちに、心から感謝をしたい。

この日（4月21日）には、遅れていた入学式も行われた。15名の新入生を迎えたが、石巻市の中学校で全員私服だったのは、雄勝中だけである。入学式では、在校生、保護者のみなさん、そして来賓の方々が見守るなか、緊張した面もちの新入生が多目的ホールに入場し、担任からの呼名に一人ひとりがしっかりとした返事で応えていた。30分という短い式だったが、生徒会長の歓迎の言葉や新入生代表の誓いの言葉に涙を拭う保護者や教職員もいて、心に残る感動的な式となった。

今日、4月21日。僕たちは先生方や学校再開に協力してくれた方々のおかげで、いつもと違う校舎ではありますが、雄勝中学校に入学することができました。本当にありがとうございました。

僕は3月11日に起きた東日本大震災で、襲ってくる津波を目のあたりにして、信じられない自然の力に怯えながら必死に逃げました。

学校や家が飲み込まれたのを知ったときには、この先どうなるのか不安でたまりませんでした。とくに母が津波により亡くなってしまったのを知ったときは、悲しみと不安で涙が止まりませんでした。しかし、母が望んでいるのは、泣いて生きるのではなくて、家族や仲間とともに強く生きていくことだと思ったとき、僕はこの中学校生活の3年間を、自分なりに一生懸命がんばらなければならないと思い始めました。

母は僕の心のなかでいつまでも生き続けて、僕を励まし支えてくれています。そんな母の気持ちに少しでも応えられるよう、家族や仲間、先生方とともに中学校生活を頑張りたいと思っています。

これまで受け継がれてきた雄勝中学校の伝統に恥じない、たくましい雄勝中生になることを心に固く決意し、新入生代表の言葉とします。

新入生代表　牧野大輔

このとき、私は「この子たちのためにすべてを注ぐ」と決意を新たにした。

私は式辞のなかで、新入生そして在校生に向けて新たな校訓を宣言した。

「3月11日、雄勝中学校卒業式のときに卒業生に贈った言葉は〝負けるな雄中生　たくましく生きてほしい〟でした。その2時間後、津波がやってきました。そして今、新しい一歩を踏み出すみなさんに贈る言葉は、新たな校訓とする〝たくましく生きよ。〟です」

その後に行われた「入学を祝う会」には、以降ずっと雄勝中を支援していただくことになる岡崎トミ子参議院議員（当時）からのメッセージ、遠藤学さん（NPO法人「Do Tank みやぎ」理事長）、横田ひろ子さん、多くのNPOのボランティアの方々、体育の授業用にとバスケットボールを支援いただいた仙台89ERS（プロバスケットボールチーム）のマネージャーさん、障害のある人もない人も一緒に音楽を楽しむストリート音楽祭「とっておきの音楽祭」のメンバーなども参加してくださり、多くの方々に祝福されて交流を深めた。少しでも新入生を、そして雄勝中生を勇気づけようという多くの方々の温かい心遣いが本当に嬉しかった。

生徒たちの心のなかには、肉親を亡くし、あの惨状を目の当たりにし、いくつもの寒くて長い夜を過ごしたという、ものすごい体験と記憶が沈殿しているはずだった。学校が再開されて、一部でも少しずつ日常が戻ってくるなかで、そうした目に見えないストレスがきっと出てくるだろうと思っていた。またそれを表に出していくことも必要なのだろうと思っていた（248ページ、資料1参照）。

でもそれを待っていても仕方ない。私は、前任の畠山教頭が異動にあたって言い残し、書き残した「喜怒哀楽」を心のケアの指導方針とすることにした。悲しみや怒り、つらさを楽しいことや笑顔で覆い尽くしてしまおう、それを学校でどんどんやっていこう、学校を楽しい場所にしよう、と。4月25日にはさっそく全校でお花見をした。飯野川校に一緒に移ってきた船越小の子どもたちと合同での花見会だ（雄勝小はほかの場所に移った）。校舎の前で咲き誇る桜の下に集い、炊き出しのすいとん汁を食べながらの楽しい会になった。

みんなを温泉に連れていこう

こうしてなんとか再開に漕ぎつけた雄勝中だったが、それはまた苦難と苦闘に満ちた日々の始まりでもあった……。

まずなにより驚いたのは、給食だった。

私も当初は「簡易給食」でやむを得ないと思っていたが、いざ給食が再開されてみるとコッペパン１個と紙パックの牛乳が１つ。えっ、これだけ？　と思わず口をついて出るくらいのわずかな量。これでは中学生が一日活動するのはとても無理だと思った。いくら被災したとはいえ、避難所暮らしでさまざまな我慢を強いられてきた中学生に、これしか食べさせることができないのかという怒りにも似た感情が込み上げてきた。

しかし、震災で給食センターはほとんど稼働できなくなり、業者委託の弁当配付は食中毒と配送の心配から行政の許可が下りない。避難所暮らしの親を亡くした子に弁当を持参しろとも言えない。

それまで本当に大変な目に遭ってきた子どもたちに、せめて食べ物くらいはひもじい思いはさせたくない。そう思った私たちは、教職員で汁物だけは用意することにした。

空き時間を利用して準備にあたったのだが、まだ備品も揃わず慣れない学校での授業だけでも大変なのに、そのうえに炊き出しということで、教職員たちも疲労困憊だった。

私はこの頃、営業と称して、土日は仙台で多くの方々と会い、雄勝の実情を訴え続けていた。このなかで、後述する立花貴さん、山本ケイイチさん、そして藤原和博さん、林真理子さん、鳥居晴美さんらと出会うことになっていくのである。

まず、この現状を知った仙台市出身の若き事業家・立花貴さん（チーム立花代表）や仙台青年会議所のみなさん、ボランティア「ルート99」のみなさんが〝給食支援〟に入ってくれることになった。立花さんは、私の「子どもに腹いっぱい食べさせてあげたい」という言葉にすぐさま応えてくれて、妹の恵さんと、雄勝中の生徒と教職員そして船越小の分も合わせて100食分のおかずをつくり、立花さんが毎日片道2時間かけて届けてくれた。この立花さんは、やがて雄勝に住民票を移し、漁師の会社を興す。立花さんは、後のドイツ公演にもはるばる日本から来て応援してくれた。彼は才能豊かで、その人柄、行動力が本当に素晴らしい。何よりも〝心〟がある。彼のような人物こそがこれからの日本のリーダーとなっていくのだろうと信じている。立花さんは、今も雄勝中学校を支え続けてくれている。

給食支援を引き継いでくれたのが仙台青年会議所のみなさんで、齋藤孝志理事長（当時）に至っては、この話を聞いたとたん、会議所でのコンセンサスを待たずに鶏のから揚げを買って届けてくれた。その後栄養バランスにも考慮した給食を週3回もつくって仙台から2カ月間届けてくれたのである。給食支援ひとつとってもこのような熱いドラマがあった。改めて感謝の思いでいっぱいになる。震災から何カ月も経っているのに、生徒たちがジャンケンでわずかな給食を分け合う姿に、支援の人たちはみな一様に驚く。「食べる」という生命《いのち》の原点が保証されない。そんなことがあっていいのかという憤りを感じ、機会あるごとに広く訴えてきたが、この「貧しい給食」は7月まで続いた。

私が、そうした生徒たちにもうひとつ叶えてあげたいと思ったことは、「温かいふかふかの布団で寝る」ということだった。生徒たちはみな避難所暮らしで、いつも硬い床で寝ている。せめてふかふかの布団に寝かせてあげたい、お風呂にゆっくり入らせてあげたい。そういう思いから、私は密かに生徒を温泉に連れていく計画を立てた。

後で記すご支援いただいた方への挨拶や生徒同士の交流という目的もあったが、まず何よりの思いは、「子どもたちを温泉に連れていってあげたい」だった。とはいえ旅行費用ひとつとっても、家も財産も流されてしまった保護者たちに負担をかけるわけにはいかない。それでも生徒たちに温泉旅行を実現させてあげたかった私は、私費と大学時代の研究室仲間からの支援金とでなんとか資金をひねり出した。

こうして5月17日、仙台市郊外の秋保《あきう》温泉への「全校合宿」が実現した。近畿日本ツーリストの石原栄二さん（この後、修学旅行、ドイツ公演と本校と関わることになる）を通して、「ホテル華乃湯」さんが、地震の被害を受けているなかで格安の料金で受け入れてくれたのだ。学校行事として予定していた活動ではなく、また、周囲の学校に配慮して、当初、私はこっそり生徒たちを連れていくつもりだったのだが、新聞などで報道されてしまい途中からバレバレになってしまった。

それでも生徒たちは本当に喜んでくれた。生徒たちも避難所暮らしから離れて、久しぶりにゆっくりと湯につかり、友だちとのおしゃべりを楽しみ、温かい布団にくるまった。なかには18回も風呂に入ったという生徒もいた。身も心も被災地から離れることで、心ゆくまでリラックスできたのだろう。子どもたちの笑顔が、何より私には嬉しかった。

夜は夜でおしゃべりに花が咲いた。しかし取材に来たマスコミに「今、何が欲しい？」と問われて、「おうちが欲しい」「楽しいことがいっぱい詰まった思い出が欲しい」と答える生徒たちに、改めて胸がしめつけられる思いがした。

転校していく生徒のために、相手チームに野球道具を借りての練習試合。

全校温泉合宿で生徒たちは震災後初めて柔らかい布団で眠り、温泉を満喫した。

生徒のために、何でもやろう

ようやく授業が再開され、遅れを取り戻そうと学習への取り組みが始まる一方で、「震災に負けない」と奮起し本格的に部活動も再開され、中学校総合体育大会（中総体）に向けて第一歩を踏み出していた。

雄勝中には野球、サッカー、ソフトテニス、バレーの4つの運動部があるが、校舎は全壊状態で、ユニフォームや用具も流された。つらく悲しい日々のなかで、生徒たちの希望は好きな部活動に励むことだった。

正選手3名が転校し部員不足が心配された野球部は、1年生5名が加入して12名となり、大会出場が叶うことになった。練習場にはベースはない。草ぼうぼうでイレギュラーバウンドばかりするが、各方面から届いた支援物資の練習着や用具に感謝しながら、キャッチボールやバント練習などに懸命に取り組んだ。

長年使っていない荒れ果てたテニスコートは生徒たちが草をむしり、重いローラーを引いて整備した。見かねた仮設住宅の工事関係者が重機を入れてくれて一気にコートが完成した。生徒たちはここでもまた人の優しさに触れた。体育館では、避難所になっているため練習ができない近隣４校が一緒に練習した。

危ぶまれていた中総体の開催も決まり、生徒たちはご支援いただいたユニフォームを着て大会に臨んだ。多くの方々のおかげで、生徒たちは全力でプレーすることができた。

「ハンディを感じさせないよう部員一丸となって頑張りたい。物資を提供してくれた人たちに心から感謝し、好成績を残して恩返ししたい」

「好きな野球ができることに感謝し、みんなで楽しみたい」

と壮行式では決意を述べた。そんな悪環境のなか、ソフトテニス部は見事、県大会への出場を決めた。逆境のなかで勝ち抜いていく生徒たちは、まさしく私の誇りである。

さまざまな人たちにご支援、ご指導をいただき、生徒たちは確実に精神的に強くなっている、そのことを実感する毎日だった。

私たちは被災して最初の数カ月、一番苦しいときに行政から十分な支援をしてもらえなかった（石巻は被害が甚大で行政もそれどころではなかったかもしれないが）。だったら、自分たちでやるしかない。「生徒のために何でもやろう」。そう思って、私はこの

1年、やってきた。自立した学校として。

津波に襲われたときに、それぞれが自分で判断しててんでんバラバラに逃げたように、学校再開までの道においても、地域や学校によって被害状況や必要な支援は違うはずである。生徒や保護者の声を受け止め、「生徒のために」という思いを教職員と共有し、明確な方針を示す。そして覚悟を決める。私は、それが、学校現場のリーダーである学校長に課せられた使命だという一心で、雄勝中の再生〜新生への道を歩んできた。

第3章 広がる支援、そして交流の輪

新しい制服に歓声があがった

被災、そして学校再開までの間、本当に多くの方たちから、さまざまなご支援をいただいた。先にも触れたが、学校再開までの活動資金として、私の大学時代の恩師である伊藤健雄先生をはじめ、ニホンジカの生態を研究していた「シカ研究室」の仲間がお金を募ってくれた。大学を卒業してもう何十年も会っていない人たちだ。その旧友たちが震災後にすぐに連絡をとり合って、お金を送ってくれたのだ。文部科学省の研修で世界5カ国を一緒に廻った先生方（約30名）も同じように支援してくれた。

今回はこうしたことが本当にたくさんあった。ありがたく頂戴し、炊き出し用の道具や食料などの購入に使わせていただいた。改めて、人間はそれまでどう生きてきたか、人とどんなつき合いをしてきたか、それがいかに大事なことかを痛感した。

とにかく行政がマヒ状態だったため、学校再開に向けて自分たちで物資を集めるしかなかった。そのなかで新旧2人のＰＴＡ会長さんがフル回転してくれた。

それまでＰＴＡ会長を務めてくださった杉山健一さんは石巻市役所河北総合支所の職

員だったために、物資だけでなく行政からの情報を毎日、仮職員室に届けてくれた。新しく会長になった伊藤浩光さんもいろいろなツテをたどって、食料から毛布までさまざまな支援物資を集めてくれた。また岡崎議員や後述する藤原和博元和田中学校長など多くの支援者との出会いをつくってくれた。

私たち教職員も支援を訴え、仮職員室にはたくさんの支援物資が送られてくるようになった。ところが、学校再開に向けて支援物資を点検したところ、職員室での業務や学級経営に必要なものがほとんどないことに気づいた。チョーク１本、画鋲すらない。

そんなときに、かつての上司で仙台市立富沢中学校の庄子修校長先生（当時）から「何か必要なものがあれば言ってくれ」と電話がかかってきた。「チョーク、マジック、定規、いろいろなものが足りない」という話をしたら、なんとその日の夜に用意してくれた。この反応の速さが嬉しかった。自分が逆の立場になっても、絶対に同じように迅速に対応しなければいけないと強く思った。

その後も前述した生徒一人ひとりのサイズに合わせた上履き、雄勝中のロゴが入ったジャージ、Ｙシャツ、ブラウス、校訓「たくましく生きよ。」の文字入りＴシャツ、リコーダー、習字道具、自転車通学をする生徒のための自転車、ヘルメット、レインコート、自転車の鍵、部活動で使うユニフォームや道具、3台の電子ピアノ、大型テレビとテレビ台、DVDプレーヤー、パソコン、プリンター、渡辺睦さんから太鼓初打ちのときの全員分の手づくりミサンガ、「みんなの祭り　無礼講」の際、書道家の矢野きよ実さんと泉谷しげるさんらから太鼓4台、ベトナム仏教寺院からは55インチの液晶テレビとハードディスクレコーダー、シンガーソングライターの新居昭乃さんからの大太鼓と締太鼓、作家の林真理子さんら青山学院中等部父母会有志でつくる通称「青山マザーズ」のみなさんからのクリスマスプレゼント、ドイツ旅行のスーツケースやオリジナルトレーナー、仙台五城ライオンズクラブのみなさんからは卒業アルバムなど、書き記せないほどたくさんのご支援をいただいた。そして多くの方々から支援金をいただいた。

そうしたなかで、なんと待ちに待った制服が届いたのである。それを記念して5月20日の「雄中の日」に、支援していただいた制服をみんなで着る「制服を着る会」を行った。

じつは、それまで私たち教職員も生徒たちも、こんなに早く制服を着られる日が来るとは思っていなかった。今年1年は私服で過ごそうと制服はあきらめていた。生徒たちも制服のことを「今年は仕方ないよ。俺たちそこまでわがままを言っちゃいけないんだよ」と思っていたのか、口に出すことはなかった。

ところが、生徒たちの気持ちが届いたのか、制服メーカーからなんと制服を支援していただくことになったのである。

多目的ホールで、生徒一人ひとりに一着ずつ手渡す。受け取る生徒の笑顔がまぶしい。

「着るの3カ月ぶりだから、なんか照れる」

「1年生はサイズぶかぶか。可愛いー」

みな大喜びで、制服に袖を通す。

やはり中学生たちにとって、制服というのは特別な思いがあるようだ。とりわけ小学校から進級してきた新入生たちにとっては、制服はステイタス・シンボルでもある。

「……よかった。やっと新1年生が制服に袖を通せる日を迎えられた」

中1男子が真新しい学ランに袖を通し、女子のセーラー服のリボンを先輩女子が結んであげる。

「まさかこんな日が来るとは思わなかった」

私もその姿を見て涙にくれた。保護者のみなさんも「制服を着た姿を見ると避難生活がウソのようだね」と顔をほころばせた。

それまで作業着に長靴スタイルだった私たちも、その日を境にスーツ姿に戻った。学校を訪ねてきた人が、髭も伸ばし放題だった私をまさか校長とは思わずに「職員室はどこですか?」と尋ね、校長室に入ってみたらその男がいたので驚いた、といった笑い話もあった。

生徒たちが制服もなく、着のみ着のままのような状態で学校に来ているのに、自分たちだけが今までどおりの服装に戻る気がしなかった。もちろん私のスーツもすべて流された。また、実際に炊き出しやら何やらで、着るものどころではなかった。新任の勝見真菜養護教諭にも、着任した日に「スーツは今日だけでいいです。明日から運動着と長靴で来てください」と申し伝えていたほどだ。

私もその日は被災してからはき続けてきたジーパンを脱ぎ、スーツを着た。

「校長先生、キマってますよ」

「校長先生はやっぱりこうでなくちゃ！」

私をからかう生徒たちの明るい声に、「キミたちこそキマっているよ」と声をかけながら、私はまた涙した。

サプライズ・ゲストが続々と

支援をいただいたのは物資だけではない。さまざまな人たちが支援のために学校を訪ねてくれた。

学校再開早々に、現在世界各国で公開されている東日本大震災ドキュメンタリー映画『ＰＲＡＹ ＦＯＲ ＪＡＰＡＮ〜心を一つに〜』の監督である映像作家のスチュウ・リービーさんが、世界中の応援メッセージを生徒に伝えてくれたり、英語でコミュニケーションをしてくれたりした。やがて雄勝中がこのドキュメンタリー映画の重要なストーリーを占めていくことになる。

また、柳家初花《やなぎやしょっぱな》さんによる落語、太田美知彦さんによる楽器演奏、そして鏡味仙次《かがみせんじ》さんの大道芸も楽しんだ。

仙台からは炊き出しの支援グループ「ルート99」がやって来て、毎週昼食の用意をしてくれ、さらに心を癒すピアノ演奏会をしてくれた。NPO法人「子供地球基金」の企画・協力で、幅1メートル、長さ30メートルの白いキャンバスに雄勝中と船越小の子どもたちが思い思いに絵を描くというイベントも行った。「子どもたちが絵筆を振るって、少しでも気持ちが晴れるなら」という思いからだ。

「自分の好きなものを表現してください」という鳥居晴美代表らの呼びかけに、当初は「何を描けばいいのだろう?」と戸惑っていた子どもたちだったが、おそるおそる山積みに用意された色鉛筆やカラフルな絵の具と筆を手にして描き始めると、いつの間にか夢中になっていった。

震災からまだ月日は経っていなかったその日(2011年5月16日)、子どもたちが描いたものは、地球や日本の国旗、富士山、お花畑、人々が手をつないでいる絵だった。じつは会場となった体育館は、かつて遺体安置所として使われていたのだった。なかには、この場所で親の死を受け入れざるを得なかった子どもも何人かいた。幼い彼らの目の前に突然襲いかかった別れが、まだなまなましく残っていたはずだ。

そのため、体育館で実施することに教職員たちも躊躇していた。「大丈夫かな」「慎重にしたほうがいい」、そんな声もあったが、描き上げられた子どもたちの絵には、「がんばろう、宮城」「東北は負けないぞ」「ガンバレ」「ガンバル」「ありがとう」といった多くの力強い言葉が書き添えられていたのだった。

世界的なジャズ・トランペッターの日野皓正《ひのてるまさ》さんも来校し、熱い演奏を繰り広げてくれた（5月22日）。コンサートでは、生徒たちがドラムを体験させてもらったり、先生や生徒たちが日野さんと一緒に演奏したり、ダンスをしたりと、とても楽しい演奏会となった。男子生徒は日野さんのトランペットに合わせてラップに挑戦。愛校心にあふれた熊谷雅幸教務による「おがおがおがつ!!」「ゆうちゅう（雄中）！　イエイ！」のラップには、会場が爆笑に包まれた。

さらに、11月の文化祭では、サプライズ・ゲストとしてＡＫＢ48の所属事務所から「ぜひ雄勝中に行きたい」という熱心なお話をいただき、生徒も喜ぶだろうと、当日までＡＫＢ側と極秘に準備を進めた。文化祭の最後に阿部教頭が「今日はサプライズ・ゲストが来ています」と紹介すると、生徒は驚きとともに大喜びとなった。なかには感激して泣き出す子もいた。

また仙台出身の三味線奏者の浅野祥君も演奏会を開いてくれ、給食も一緒に食べて楽しいひとときを過ごしてくれた。

12月。日野皓正さんのコンサートや部活のユニフォーム、「たくましく生きよ。」Tシャツでもお世話になった高橋重樹さん（東京で広告制作会社を経営している）からいただいた「希望の灯」も、生徒たちや避難所などで暮らす多くの人たちにとって嬉しいプレゼントだった。飯野川校の正門そばの桜の樹に1万個の電飾をつけ、素晴らしいイルミネーションを演出してくれた。

点灯式で、高橋さんは「一つひとつの光に希望、復興の思いが込められています。この明るさのように一生懸命頑張ってください」と生徒たちを励まし、生徒の代表も「きれいなイルミネーションは雄勝中の生徒たちだけでなく、被災した多くの人たちの心も癒してくれます。この光から元気をもらって、私たちも頑張ります」と力強く応えていた。

藤原和博さんをはじめとする熱い支援

給食支援でもお世話になった立花貴さんをはじめ、東京都杉並区の和田中学校で校長を務めた藤原和博さんらを中心とした「チーム立花」にはとりわけお世話になった。「チーム立花」はリーダーの立花さんが藤原さんのアドバイスを受け、さまざまな業界・分野から結成された支援ボランティアのチームだ。

藤原元校長は、地域の自営業者やさまざまな社会人を講師に招いて世の中について学習する「よのなか科」を創設したり、学習塾と連携した有料の課外授業「夜スペ」を行ったりなど、ユニークな教育実践で知られている。その藤原さんから「雄勝中の一点に絞って支援をしたい」と申し出をいただいた。

そこでまずは、通常の学校活動のサポートから支援をいただくことにした。書道の道具がないということでそれを届けていただいたことから始まり、貧しい給食メニューを知っておかずを提供していただいたりもした。練習場所のない女子ソフトテニス部のために、生徒たちと一緒になって草とりをし、土を入れてローラーを引き、荒れ果てたテニスコートの整備も手伝ってくれた。その姿には本当に頭の下がる思いがした。

さらに持ち前の人脈を駆使して、「エンジン０１《ゼロワン》文化戦略会議」の豪華な顔ぶれのゲスト授業もコーディネートしてくれた。5月25日には、林真理子さん、三枝成彰さん（作曲家）、勝間和代さん（評論家）による第１回の「人生出前授業」を実施した。

藤原さんも含めた４人が30分ずつ担当し、それぞれが「考えたこと、思ったことは口に出すこと」「人間はやりたいと思ったら努力すればやれること」「なりたい自分になるには、紙に書いて目につくところに貼って常に意識すること」「目標を紙に書いたら、より何をすべきか具体的に考えること」など、生徒たちへ熱く語りかけてくださった。

具体的なメッセージをいただいたことで、生徒たちにとっては積極的に自分の人生を生きていく指針となったと思う（２５６ページ、資料２参照）。

昼食は、林真理子さんのご厚意で、焼き肉パーティーをすることに。卓上コンロを使用し、生徒たち自身が肉や野菜を焼いて焼き肉を楽しんだ。藤原さんや三枝さんと一緒におしゃべりをしながらの食事は生徒たちにとっても貴重な体験だったに違いない。なかには、林真理子さんや勝間和代さんに肉やソーセージを焼いてもらって食べていた生徒たちもいた。いやはや、恐縮するばかりである。

藤原さんがこうした雄勝中への一点集中型の支援にこだわるようになったのは、あるひとつの出来事がきっかけだったという。

今回の震災支援で、「チーム立花」が東京のパティシエに協力してもらい、避難所に700個のケーキを届けた。ところが避難所の物資担当者から思いがけない言葉を聞く。「ここには800人が生活しています。公平に配れないと後で問題になるので受け取れない」と言われたという。せっかくの支援物資なのだから、とりあえず受け入れてから考えればいいはず。数が足りなければ切ってもいい。子どもやお年寄りを優先してもいい。ところが「平等に分けられないから受け取れない」という。そんな出来事がいくつか続き、藤原さんは全方位的な公平平等の支援というものに、疑問を持つようになったという。

そうした体験から、和田中でのさまざまな経験をもう一度石巻の雄勝中で活かしたいと思ったのだという。藤原さんは「最も悲惨な体験をした子どもたちには、最も豊かな教育を受ける権利がある」と言う。私の思いも同じである。だからこそ、学校再開にあたって「生徒たちのためになることなら何でもする」と、教職員たちと誓い合ったのだった。

ちなみに藤原さんからは、「生徒のためならなりふりかまわず動く1000人に一人の校長」と言われたりもしたが、私は目の前の子どもたちのために無我夢中だっただけである。

震災を客観的に見て乗り越えていく

6月6日には、脳科学者の茂木健一郎さんによる第2回の「人生出前授業」を行った。

「あの震災発生のときには、僕は東京で地下鉄の中にいて、ちょうど地下鉄が駅を出たところだったんだ……」と、茂木さんはまるで友だちのような砕けた調子で生徒たちに語りかけていく。それから、生徒たちを次々に舞台前に引っぱり出してはインタビュー。じっくりと生徒の声に耳を傾ける。

ときには、「君は津波が来たとき、どんなふうに逃げた?」と、ドキリとするような質問もするのだが、生徒も動じることなく、「山へ向かって、草をつかんで駆け上がりました」と淡々と答えていたので安心した。生徒たちがこうして堂々と受け答えできたのも、これまでに来校した数々の人たちとの触れ合いなどから知らず知らずのうちに自分に対する見えない自信が生まれていたのだと思う。そして何と言っても、生徒たちと被災の体験を心から共有しようとする茂木さんの熱い気持ちが、生徒たちに伝わったからだろう。

茂木さんの「メタ認知」という話も印象的だった。

「地震や津波の体験には触れるべきではないと言う心理学者もいるが、むしろ言葉や文章にして吐き出すと、それを自分で客観的に見ることができる。それをみんなで共有すれば怖さも乗り越えていくことができる」

授業の後、茂木さんの前には、サインを求める生徒たちの長蛇の列ができていた。茂木さんはその一人ひとりに、絵入りのサインとメッセージをプレゼントしていた。

「鉛筆削りが欲しい」という生徒の声に、林真理子さんから肥後守《ひごのかみ》（和式ナイフ）を贈っていただいたときには、私が講師となって、その肥後守で「鉛筆削り王決定戦」を行った。生徒たちは肥後守で削った鉛筆で短冊に願い事を書き、それを七夕の飾りにした。

その短冊には「雄勝の町が早く復興しますように」「僕は雄中生活をクラスのみんなと笑って、たくましく生きていきたいです」など、子どもたちの思いが込められていた。

さらに、藤原さんたちは7月には雄勝中ソフトテニス部との合同合宿を行ったり、8月には東京から学生ボランティアを連れてきてくれて、後述する「たく塾」にも全面的に協力してくださった。11月の修学旅行の際には、1、2年生のホストファミリーも引き受けてくれた。


生徒たちは学校では元気にしているが、避難所生活が続いている。そこでは親たちも途方に暮れていたり、呆然自失となってごろごろしている大人がいたりする。自分たちの将来に対するものすごい不安を抱えているのである。そういったなかで、第一線で活躍している方々からメッセージをもらう。私は、そういう機会に触れることで、それが今すぐというわけではなくても、生きる希望や指針につながっていくはずであると考える。これからもそういう方たちとの出会いを大切にしていきたいと思った。

このように雄勝中を支援したいという方が学校を訪れたり、そのとき本当に必要な支援物資をすぐ届けてくださったりした。本当にたくさんの、そしてさまざまなご支援をいただいた。支援してくださった方々の温かい気持ちを生徒も職員もしっかり受け止め、このことを一生忘れないで生きていきたいと思う。

県内の中学校との交流

また、支援を通じて思わぬ交流の輪も広がった。じつは学校再開までに私は各方面を訪ね、さまざまな支援を呼びかけて回っていた。生徒の転入先にはできるだけ直接出向き、校長先生と会い、「家もふるさとも何もかも失って、やむを得ず転校してきます。是非ともよろしくお願いします」と頭を下げて回った（しかし、転入先でつらい思いをして帰ってくる生徒もいた。２６０ページ、資料3参照）。

今も続いている仙台市立生出《おいで》中学校との交流も、私が被災生徒の転校先としてご挨拶に伺ったことがきっかけとなって始まった。生出中を訪れ、私が津波に襲われた雄勝中の写真を見せて状況を説明すると、犬飼百合子校長（当時）はすぐさま支援を約束してくれた。そしてまず、不足している清掃用具を提供してくれた。さらに保護者も協力して、なんと６００枚ものぞうきんを手づくりしてくれた。その一枚一枚に、「応援してます」「必ず復興できる」などの応援メッセージがカラフルな油性ペンで書き入れられていた。その心遣いが本当に嬉しかった。

さらに、交流会の開催もご提案いただいた。雄勝中ではほとんどの生徒が自宅を流され、また家族を失った生徒もいる。ところが同じ県内でも、約70キロ離れた生出中は被害がなく、生徒たちに震災の実感がなかったという。そのため犬飼校長は、雄勝中生との交流を通じて「生徒にもっと、被災者へ思いを巡らせてほしい」と思ったのだそうだ。

私も、雄勝中の生徒に「物心両面で支援してくれた生出中の生徒をぜひ会わせたい」と思い、前述した5月の温泉地への全校合宿に組み込む形で交流の場を持つことにした。両校とも総合的な学習の時間を利用しての交流会だった。

交流会の内容は、生出中の生徒会が中心となって企画し、生出中と雄勝中の絆を示す横断幕を準備し歓迎してくれた。雄勝中の生徒たちも「ぞうきん、ありがとう」とお礼を言うなどした後、初対面のみんなが楽しめる全員参加型の綱引きや長縄跳びなどの「運動会」が行われた。「そーれ、そーれ！」「ファイト！」。生出中学校の校庭に大声援が響き渡った。

続いて部活動が盛んな両中の「交流試合」も行われた。試合中も生出中の生徒たちが「勝利目指そう」など声をあげて盛り上げてくれる。雄勝中生たちも「楽しい一日だった」とみな満足げに笑顔を見せていた。

「給食会」では、生出中のＰＴＡの方々からの支援で自校給食を一緒に味わわせていただいた。

顔を合わせ交流することで、生徒たちは支援してくれた人々の思いをしっかり受け止めることができたと思う。交流会もそれに応える雄勝中の子どもたちの姿も、本当に感動的だった。

交流後の生徒たちの作文では、「今後もさまざまな形で交流を続けていきたい」という要望が多かった。また、生出中でも生徒全員が感想文を書いたそうで、「雄勝中のみんなが私服を着ていて、制服が津波に流されたと思うと悲しくなった。『生き残ったからには生き延びなければいけない』と言った雄勝中のみなさんのように、つらいことがあっても明るく生きていきたい」といった内容のものもあったという。

翌5月18日には大衡《おおひら》中学校との交流会も行った。大衡中は生徒会が中心となり、校内や近くのスーパーマーケットなどで募金活動を展開し、雄勝中に届けてくれていた。

大衡中では全校生徒による合唱と応援団による力強いエールで雄勝中を迎えてくれたのだが、震災後、初めて聴く美しいハーモニーに私たちも体が透き通るような感覚を覚えた。雄勝中も2年生の生徒代表が震災の状況を伝え、元気に校歌を歌うことで大衡中の生徒さんたちの気持ちに応えた。

その後も、東京の佃中学校や、後述する修学旅行でお世話になった京都・開睛小中学校や、秋田県角館町の全校校外学習（ここでは観光広報推進員の佐藤由則さんに大変お世話になった）での地元の人たちとの交流など、その輪は広がっている。

こうした交流を通じて、私たちは改めて感謝の気持ちを持つとともに、今後多くの支援にどう応えていくかなどについて、深く考えさせられもした。それが、この後述べる「雄勝復興輪太鼓」へとつながっていく。

第4章　自立再生への2本の柱

和太鼓ならぬ〝輪〟太鼓

震災から学校を再開するまでの40日間。私たち教職員は走りながら考え、考えながら走り決断するという凄まじい日々を送ってきた。その間をどう表現したらいいか、まさに「怒濤」と「奔走」という言葉しか浮かばない。そんな毎日だった。

3月11日の震災から4月21日の学校再開までをこうした「怒濤と奔走期」とするならば、その後の6月までは「他力再生期」であったと思う。本当にいろいろな方たちの力を借りて、雄勝中再生へ向けてエンジンをかける時期だった。その間、多くの方たちからたくさんのエネルギーをもらった。

そして、7月からはいよいよ自ら未来に向けて歩み出す「自力再生期」にしなければいけないと考えた。

一般に、子どもたちの心のケアは3～10年かかると言われている。しかし、雄勝中の3年生は泣いても笑ってもあと数カ月で卒業していくのだ。私は、とにかく今ここにいる生徒たちと接することができる数カ月のスパンのなかで、子どもたちとどう関わっていくのか、それを最重要視した。

6月まではさまざまな人たちが学校を訪れ、またさまざまな人たちとの交流を通じてエネルギーをもらった。また中総体もあったので、部活にも力を注いだ。

しかし、7月からは自分たちの足で歩く。いや、歩かなくてはいけない。そう自らに言い聞かせ、また教職員や生徒たちにもそう呼びかけた。

その自立再生のための取り組みとして、私は2本の柱を打ち立てた。そのひとつが、「雄勝復興輪太鼓」だった。和太鼓ならぬ〝輪〟太鼓。この太鼓の誕生にもドラマがあった。

雄勝には、「伊達の黒船太鼓」という地域に伝わる太鼓がある。１９９１年5月、宮城県雄勝町（２００５年、石巻市に広域合併）町制施行50周年記念事業のひとつとして「伊達の黒船太鼓保存会」が結成された。今から約４００年前、藩祖伊達政宗公の遺欧使節船「サン・ファン・バウティスタ号」、通称「伊達の黒船」の建造が雄勝町呉壺《くれつぼ》で行われたことから名付けられた勇壮な太鼓だ。

世界的に活躍している和太鼓奏者の飛鳥大五郎氏と井上一路氏により作曲され、船の出航などをイメージする「伊達の黒船」「図南《となん》の響」「祝賀の舞」という3つの曲で構成されている。1997年宮城県青年文化祭県大会で最優秀賞受賞、同年第46回全国青年大会で最優秀賞を受賞し、地域の祭りなどで盛んに演奏されてきた。地域の活性化と町民の誇れる文化活動の推進を目的として活動し、地域の小中学校でも指導にあたってきた。雄勝中もそのひとつだった。

学校が津波でなくなり、生徒たちも全員が被災した。そして、多くの方々から支援をいただいた。支援をいただくばかりで、私たちには返せるものがない。先に紹介した生出中や大衡中との交流会でも、そうである。私たちが返せるものは、お礼の言葉と校歌斉唱ぐらいしかない。悔しかった。何かお返しをしたかった。

どこに行っても「かわいそう」と思われてしまう生徒たちが「もぞこい」（宮城弁で「不憫」の意）のだ。大衡中との交流会が終わり、生徒を見送った帰りの車のなかで私はさめざめと泣いた。「この子たちに誇りと自信をもたせたい」「何かみんなに返せるものを身につけさせたい」――私はそう固く決意した。

被災した雄勝中生だって、何かできるのではないか。そう思ってミュージカルや合唱なども考えてはみたが、できれば雄勝中らしいものに取り組みたかった。そこで目をつけたのが、雄勝の黒船太鼓だった。太鼓ならば生徒全員が主役になって参加できる。総勢50名で叩いたらきっと相当な迫力になる。みんなで参加した体験は、大人になっても忘れないはず。そう考えて生徒たちに全員で太鼓に取り組むことを提案したのだ。

これまで雄勝中では、総合的な学習の時間にこの黒船太鼓を取り入れていた。10数名の生徒が取り組んでいたが、これからは全校生徒で練習し、演奏する。太鼓の活動を通じて、生きていることの証や喜び、感謝の気持ち、地域の方たちと一緒に頑張ろうという思いを伝えられないか、そう思ったのだ。

第3章で触れた、秋保温泉で5月に行われた「全校合宿」。宿泊所となった温泉ホテルでの夕食の後に、私は切り出した。

「全員で太鼓をやろう」

そう告げると、生徒たちは全員拍手で私の提案を受け入れてくれた。ところが、学校にあった太鼓は津波ですべて流されていた。私は「最初は段ボールを叩いて練習してもいい。木でもいい。そのうち少しずつ太鼓を揃えていこう」と子どもたちに話した。

するとこれも不思議なことに、たまたま私たちの話を聞いていた宿の人が「昔、小学校のときに車の古タイヤを叩いて太鼓の練習をしたことがある」という話を教えてくれ、実物も見せてくれた。これなら費用もかからず、子どもたちもとっつきやすいだろう。そう思って、学校に戻るとさっそく古タイヤを譲ってくれるところを探し、自動車工場から60本を譲っていただけることになった（太鼓担当主任の佐々木裕教諭がここから本領を発揮し始める）。

私も愛車のランクルではいていたタイヤを大太鼓用として4本提供した。いよいよ太鼓づくりが始まった。生徒全員でタイヤの泥を洗い流し、アルコールで脱脂した。それに荷造り用の透明テープを何重にも貼って皮面にした。いろいろなテープで試してみたが、安いもののほうが音の響きがいいことがわかった。ばちはどうしたものかと探していたら、阿部教頭が「100円ショップの〝麺棒〟はどうでしょうか?」と言うので試してみたら、これもぴったりだった。太鼓の台も、ベニヤ板を組み合わせてつくった。私が試作した台を、本校の高橋良徳用務員さんと船越小の高橋修用務員さんが2日間かけて60個つくってくれた。さらに夏休み中に生徒たちが色塗りなどをして仕上げた。

こうして生徒と教職員による手づくりの太鼓を、私たちは〝輪太鼓〟（命名者は佐々木教諭）と名づけた。

ところが、それまで指導していただいていた「伊達の黒船太鼓保存会」のメンバーの方も被災し、仙台に避難してしまっていた。改めて神山正行代表に指導をお願いしたが、当初は「とても指導に通えない」と断られてしまった。しかし、私も必死だった。「生徒たちに目標を持たせたい。勇気づけたい。太鼓で地域を元気づけたい」と何度も説得にあたった。最後は私のしつこさに根負けしたのか、神山さんは「校長の熱意に打たれました。それではやれる範囲でお手伝いしましょう」と言ってくださった。その言葉は本当にありがたかった。

６月８日、生徒全員が体育館に揃い、初打ちをした。

生徒たちは「どんな音が出るのだろう」と疑心暗鬼だったが、ひと打ちするとその迫力ある音に「本物の太鼓みたい」と驚きの声があがった。しかもタイヤの大きさで音が違った。大きく低い音と小さく高い音。本物の太鼓と比べてもひけをとらないほどの素晴らしい響きだった。

しかし最初は音もバラバラ。リズムもバラバラ。

「みんなそれぞれいろんな思いをしてきた。だから最初はバラバラでもいい。とにかく自分の思いを込めて打て。その思いがみんなで太鼓を打ったときに伝わるんだ」

指導にあたる神山さんのアドバイスもあり、やがて生徒たちはありったけの思いを太鼓にぶつけ始めた。それまでのいろいろな思いを太鼓にぶつけた。

それを聞いて、私は「この太鼓からきっとすごいものが生まれる」と直感した。

指導の手伝いに来ていた藤本寛子さんが涙を流しながらこうつぶやいた。

「私の〝復興〟が今、始まった……」

記念すべき初披露

それから生徒全員による週1回の練習が始まった。

「生徒たちに誇りと自信を持たせたい」と始めた「輪太鼓」だったが、いつかは地元のみなさんの前で演奏を見てもらいたいと思っていた。そんな矢先に、「人生出前授業」

など雄勝中のためにさまざまな支援をいただいている藤原和博さんを通じて、８月に石巻で開催される「教育夏まつり２０１１ in 東北」への参加を実行委員長の横山英行さんから依頼された。

「教育夏まつり」は、藤原さんや「百ます計算」などで知られる陰山英男《かげやまひでお》さん、鈴木寛文部科学副大臣（当時）らを中心としたＮＰＯ法人「日本教育再興連盟」が企画するイベントで、「東日本大震災で被災した子どもたちに最高の教育を届けよう」と、２０１１年は石巻市立飯野川中学校を会場に開催されることが決まっていた。

その開会式で、「雄勝復興輪太鼓」を初披露することになったのである。目標が決まったことで、夏休み中、毎日の猛練習が始まった。

「手首だけで打つんじゃない。体全体のバランスで打つんだ」

「素早く！　力強く！　真っすぐに！　ばちは腕と一直線にして」

「もっと腰を落として、下半身に重心をかけて」

「もっと強い気持ちで、音から何も伝わってこないぞ」

神山さんら指導者の檄が飛ぶ。

血まめをつぶしての練習で、次第に生徒たちの心がひとつになり、バラバラだった太鼓も揃ってきた。輪太鼓もテープの張りを強くしたり、台もヒモとクリップでタイヤ落下防止策を強化するなど少しずつ改良を加えていき、より叩きやすく、また音の響きもよくなっていった。さらに夏休み途中から、プロの和太鼓奏者「族（Yakara）」の4人のメンバー（三浦公規さん、石田陽祐さん、千坂栄介さん、千葉響さん）が太鼓の指導に加わってくれた。太鼓への熱い思いを抱く彼らは、実に熱心に指導してくれた。年齢も近く、生徒たちは憧れとともに親しみを持ちながら練習に励むことができた。彼らがいなければ、当然「黒船」は完成しなかった（彼らのプロデュースを行う3Dファクトリーの佐藤三昭氏には、後にオリジナル曲「ねがい〜たくましく生きよ〜」を作曲していただくことになる。また、千葉秀氏には何度も学校に足を運んでいただき、後述する韓流ミュージックフェスティバルや東京ドームでの「雄勝復興輪太鼓」の実現のため尽力していただいた）。

そして、8月20日の「教育夏まつり」開会式。鈴木副大臣をはじめ、居並ぶ来賓、およそ300名の参加者の前で、雄勝中生全員で「雄勝復興輪太鼓」を披露した。

行き場のない怒りや悲しみ、そのなかでもたくましく生きようとする雄勝中生たちの思いが、すべて込められた演奏だった。体育館に重低音が鳴り響き、夏休み中の練習の成果を存分に発揮した迫力あふれる太鼓の演奏に、多くの方々から盛大な拍手をいただいた。涙を流して見ている方もたくさんいた。

当日は、「夏まつり」出演の橋わたしをしてくれた藤原和博さんも、すっかり雄勝中のトレードマークとなった「たくましく生きよ。」Ｔシャツを着て応援してくれた。雄勝中を密着取材していたＴＢＳテレビ「ＮＥＷＳ23クロス」の膳場貴子アナウンサーも来られて、私や生徒たちにインタビューをしてくれた。

また、この「教育夏まつり」では、太鼓演奏だけでなく子どもたちによるディスカッション「子ども熟議」にも雄勝中生が参加した。２、３年生が、他校の生徒たちに交じって本気の話し合いをした。

テーマは「震災後、これから私たちにできること」。「避難所ではひとりになれる時間がない」「集中して勉強ができない」「学校をなくしてほしくない」といった雄勝中生の発言に、鈴木副大臣や陰山英男さんも熱心に耳を傾けていた。

復興への祈りを込めた魂の演奏

震災から半年を迎えようとしていたある日、私は生徒たちにこう呼びかけた。

「東日本大震災から半年の節目に、全校で被災した校舎へ出向いて感謝と鎮魂の意を込めて『復興輪太鼓』を演奏しよう。生徒全員が叩くこの太鼓で、地域の方やご支援くださった方、そして雄勝の町に〝復興の力〟を響かせよう！」

私の提案を受けて、生徒たちもますます練習に熱が入っていった。

震災半年後の9月11日。私たちはこの日、津波によって無残な姿となった雄勝中学校の校舎を前にしていた。この校舎への感謝と鎮魂の思いを込めた太鼓演奏をするために、再びこの地にやって来た。

いつ取り壊しになるかわからない校舎。もうここで学ぶことはないかもしれないけれど、思い出がたくさん詰まった、私たちにとってかけがえのない学び舎……。その姿を目に焼きつけるように校舎の周りを散策した後、地震発生時刻の午後2時46分、全員で黙祷を捧げた。1分間の黙祷の間は、海猫たちさえも鳴くことをやめたかのようにあたりは静寂に包まれた。

地域の方々やマスコミも集まるなか、私は「震災から目をそむけず、乗り越えていこう」と語りかけた。生徒の代表が「思い出の詰まった中学校は心のなかに生きています。お世話になったこの校舎に感謝の気持ちを込めて演奏しましょう」と全校生徒に呼びかけて、演奏が始まった。

一人ひとりが魂を込め、真剣な表情で「伊達の黒船太鼓」を叩き、あの日の、押し寄せる津波を体現したかのような力強い演奏を繰り広げた。力を込めた復興への祈りが、生徒たちの願いが、空へと吸い込まれていった。校舎も、生徒たちの素晴らしい演奏を校舎内に響かせて、生徒たちの気持ちに応えてくれているようだった。

生徒の中には、「震災で亡くなった母親のことを思って演奏しました。一番いい太鼓の音を届けられたと思います」と話す子もいた。地域の方たちも「中学生がこんなに頑張っているなら私たちも頑張らねば」と目頭を押さえて聴き入ってくれ、雄勝の地域が久しぶりにひとつになったひと時だった。

アンコールの声に応え、力強く2回演奏した生徒たちに、前任の畠山教頭は「君たちは雄勝の一番大きな財産だ」という温かい言葉を残してくれた。この様子は多くのテレビ局で何度も放映された。

こうした活動が評判を呼び、9月19日には東京・渋谷公会堂で行われた「韓流ミュージックフェスティバル（KMF 2011）」でも演奏した。

オープニングの舞台に立ち、生徒たちは破壊から再生の一打を、怒りから感謝への一打を、魂を込めて叩いた。初めての大舞台。大きな会場で2000人の大観衆の前でうまく叩けるだろうかと不安を抱えていたが、生徒たちの心はひとつになった。客席を埋めた韓流ファンら多くの参加者が、その魂の演奏に涙した。

演奏後のインタビューに答えた生徒は、「多くのみなさんの支えによってこの舞台に立つことができました。つらいこともあったけど、太鼓を叩くことがとても楽しい」と話し、引率した阿部教頭も「このような大きな舞台に立てるなんて、感無量です」と話し、こう続けた。

「今日19日は、私たちにとっては忘れられない日になりました。震災のとき、生徒の安否を調べるためにあちこち走り回りました。（3月の）19日は全生徒が無事だということが確認できた日です。その日からちょうど6カ月が過ぎた9月19日に、夢にも思わなかったこのような舞台に生徒たちが立ち演奏をしました。19日は、私たちにとって〝また生きる〟再生の記念日です」

〝輪〟太鼓の演奏は、前章でも記した交流の〝輪〟も広げてくれている。

「韓流ミュージックフェスティバル」出演に合わせて、雄勝中生たちは東京の中央区立佃中学校を訪れ、太鼓演奏による交流会も行った。佃中と関係を持ったのは震災後の5月に同中の湯浅教諭が雄勝中に支援に来てくれたのがきっかけだった。

交流会ではまず、佃中の島太鼓部が演奏し、雄勝中に力強いエールを送った。これに応えて雄勝中は、「伊達の黒船太鼓」を披露。ビニールテープで貼った手づくりの輪太鼓の低くハリのある音色が、本物の太鼓と比べても何の遜色も感じられなかったことが誇らしかった。

心と魂を入れ息の合った演奏に佃中生たちから大きな拍手が湧き起こり、雄勝中生の代表が最後にこう挨拶した。

「私たちは津波で校舎や家、豊かな自然を失いましたが、下ばかり向いているのではなく前を向いて行こうと決心しています。また、みなさんからいただいた支援に恩返しする気持ちで、太鼓を演奏し続けます」

被災の体験をエネルギーに変えて

雄勝には、ホタテの養殖とともに全国的に知られた名産品がある。それは雄勝石だ。書道家ならば誰もがその名を知る「雄勝硯」の産地なのだ。その雄勝石が丸の内駅舎の屋根瓦の修復に使われるという縁で、なんと東京駅での演奏も実現した。

11月5日、黒の「たくましく生きよ。」Tシャツに白い鉢巻きを締めた雄勝中生たちが、東京駅の動輪広場に集まった約500名の前で「雄勝復興輪太鼓」を演奏した。大勢の通行客からも大きな拍手が送られ、生徒の代表が「津波ですべてを流された悲しみや、生徒全員が無事だった喜びなど、さまざまな思いを込めて叩いた。一緒に悲しんでくれた世界中の人たちに届いたと思う」と挨拶した。

気迫のこもった素晴らしい演奏に、私も涙をこらえきれず、「魂が込められていたぞ」

とみんなの労をねぎらった。演奏後、ＪＲ東日本から新品の太鼓5個を寄贈していただいた。アンコールのときに、寄贈された太鼓も加えて早速演奏してみせた。これもまた、生徒たちにとっては忘れられない体験となった。

東京駅での輪太鼓演奏実現に向けては、後述する文部科学省の長田徹さん・天野智栄子さんにいろいろとご尽力いただいたが、何より梅原康義駅長（当時）のご理解によるところが大きい。この話が動き始めた頃から、東京駅では駅舎から出てきた古い「サボ（客車の行き先票）」をオークションに出品し、その売上金で太鼓を寄付してくださったのである。演奏後の交流会でも温かい言葉をかけてくださり、お礼にとプレゼントした「たくましく生きよ。」Ｔシャツはすぐに演奏後の動輪広場に掲示するなど、多くの心遣いをいただいた。さらに、後述する新年度7月の「東京駅ミニアンテナショップ構想」や修学旅行の協力など快く支援を引き受けていただいた。その人間性、決断力、行動力からは、リーダーとしてのあり方など多くを学ばせていただいた。

この「復興輪太鼓」の〝輪〟はさらに大きく広がり、本書の冒頭で紹介したドイツ公演へとつながっていく。

その後も、後述する東京ドームの2012年プロ野球開幕戦イベントでの演奏など、「復興輪太鼓」は私たちの予想を超えて、いまでもその〝輪〟を大きく広げ続けている。

「復興輪太鼓」の活動を通じて得た一番大きなものは、何より生徒たちが自分自身に〝自信〟を持ってくれたということである。雄勝は宮城県内でも僻地と呼ばれることの多い地域で、そうした場所にあるせいか雄勝中には引っ込み思案の内向的でシャイな生徒が多かった。それが、さまざまな支援の方々との出会いや太鼓の活動などを通じて自分を表現することによって自信をつけてきた。マスコミの取材でインタビューに答える姿などを見ると、本当に堂々としており成長したことを実感する。太鼓に取り組んで本当によかったと思う瞬間である。

震災後、校訓を「たくましく生きよ。」に変えた。そこには、被災した以上は仕方ない、だけどそれを乗り越える力を持って、負けないで生きていってほしいという願いが込められている。被災した雄勝中を卒業したことをコンプレックスにするのではなく、この地域で生まれ育ち、今回経験したことすべてを生きるエネルギーに変えていってほしい。

こういう体験をした子どもたちだからこそ人の痛みや苦しみがわかり、そして互いに支え合っていくことがどれほど大切かを知っている。それを体感している。そういう子どもたちこそ、いずれ日本を背負っていくようなたくましい人間になっていくはずである。だからこそ太鼓の活動を大事にしたい。

本当に、たくましく生きていってほしい。そう願って、これからも活動を続けていきたいと思っている。

震災による勉強不足を埋める「たく塾」

「雄勝復興輪太鼓」とともに、雄勝中・自立再生へ向けてのもうひとつの柱は、学力保証のためのサマースクール「たく塾」の開塾だった。とにかく震災から学校再開までの40日間、生徒たちはとてもではないが落ち着いて勉強できる環境にはなかった。その「空白の40日間」をどう埋めるか。私たちにとってそれもまた大きな課題だった。

高校受験を控えた3年生も、震災に遭い、津波で家を流され、親を亡くし、不便な避難所暮らしを強いられていたが、数カ月後の高校受験は待ったなしだ。入学試験では、被災していない地区の受験生たちと同じラインに立って競わなくてはならない。生徒たち自身にとって、この「空白の40日間」は大きな不安材料だったに違いない。

さらにその後も、学習環境としては決してよくない避難所暮らしが続いていた。家族も被災して経済的な余裕もない。塾にも行けないし、夏期講習代も払えない。これはとくに受験を控えた3年生にはかなりの負担になっていた。進路に対する大きな不安を抱えたままでいた。また1、2年生にとっても、家もなければ地域もないので居場所がない。生徒たちのために、学校ができる限りそのすべてを保証してあげたかった。

このように、「たく塾」の目的は「学力の保証」だけではなかった。「たく塾」開塾の背景にはさまざまな問題があり、それらを少しでも解決・解消するための手段でもあった。

「たく塾」開塾にあたっての背景と目的を改めてまとめると、次のようになる。

1　避難所暮らし等による不十分な家庭学習環境を補う

林真理子さん自らが肉を焼き、生徒たちにふるまってくれた。

夏休みを利用した「たく塾」。勉強に部活動、“輪太鼓”練習と、子どもたちは充実した毎日を送った。

2　学力の保証は心のケア
3　夏期講習代等の経済的負担の軽減
4　家、地域のなくなった生徒への居場所の提供

ちなみに「たく塾」は、校訓「たくましく生きよ。」から命名した。こうして夏休みの間「たく塾」を開くことにした。

3年生は、塾の講師の方にボランティアでお願いして、毎日4コマ（時間）の授業を行った。1、2年生は学生ボランティアにお願いして、午前中は部活動、午後は2コマの授業を行った。これによって、疲労困憊の教職員にゆっくり休養してもらうというねらいもあった。

「仙台進学プラザ」さんを中心に仙台市と滋賀県から、14名の講師らが無償でローテーションを組んで連日通ってくれて、熱心に学習指導、受験指導にあたってくださった。

「しっかり勉強しないと、自分の道、将来を切り拓いていけない。この夏こそよく勉強

しよう」と講師からハッパをかけられると、最初は不安そうにしていた生徒たちも、次第にみな受験勉強モードになっていった。

生徒たちからは「受験の準備が遅れて焦っていたけど、集中して勉強できて安心した」といった声も聞かれ、これで3年生たちの不安もだいぶ払拭されたかと思う。

こうした講師や学生ボランティアの手配などでも、「チーム立花」のみなさんには大変お世話になった。学生ボランティアについては藤原和博さんや山本ケイイチさん（フィットネストレーナー）、油《ゆ》井《い》元《げん》太郎《たろう》さん（「キッザニア東京」オープニングスタッフ）らが東京で募集をかけ、面接までしてメンバーを選んでくれた。おかげで素晴らしい学生さんたちが集まってくれた。宿泊先は、仙台の立花さんの自宅だった。そこから毎日山本さんが送迎してくれた。このような素晴らしい方々が「たく塾」を根底から支え続けてくれた。感謝の限りである。

この学生ボランティア（リーダー・小川雄広君）のみなさんには、必ず被災現地に行ってもらうことにした。津波に流された町を見て、残骸となった校舎を見て、子どもたちがどんな体験をし、またどんな思いで毎日を過ごしているのか実感してほしかったからだ。

こうして、のべ30名の学生が3週間にわたって生徒たちを支援してくれた。学習指導だけでなく部活動でも生徒たちと一緒になって汗を流すなど、生徒たちにとってもあまり経験のなかった異世代交流ができたかと思う。

授業中はおとなしくあまり発言しなかった生徒が、学生に感想を問われて「勉強は苦手でうまくできなかったのですが、親切に教えてくれて嬉しかったです」とはっきりとした声で答え、学生も感激していた。

生徒に勉強を教える大学生ボランティアたちも、毎日、明日の授業をどう進めるか、何がうまくいかなかったかなど、今日の反省と明日の打ち合わせをしていた。そういう意味で「たく塾」は、支援者である学生ボランティアたちにとっても、「学びの場」だったのであろう。被災地は支援を受けるだけではなく、支援をする側にとっても気づきや成長を促してくれる場になっているのかもしれない。

「たく塾」終了の頃には、生徒たちも講師や学生たちとすっかり仲良しになり、別れがたい様子だった。

また、給食のない夏休みを生徒たちはほぼ一日、中学校で過ごすことになる。弁当持参はまだ無理な状況であったので、昼食を用意する必要もあった。ここは、林真理子さん、浦上聖子さんをはじめとする「青山マザーズ」のみなさんや、これまでも〝給食支援〟でお世話になった「チーム立花」の立花恵さんなど多くの支援をいただいて、なんとか乗り切った。この昼食支援がなければ、「たく塾」をやり遂げることも難しかった。女優の黒木瞳さんもおしのびで「たく塾」を訪れ、生徒全員に焼き肉をしてくれるというサプライズのプレゼントもあった。

こうして7月25日から8月11日まで、３週間にわたって行われた「たく塾」だが、「たく塾をやってくれて本当によかった」と保護者の方々にも好評で、結局その後、８月20日まで延長された。

先に記したように「たく塾」の期間中には、「雄勝復興輪太鼓」の練習も連日行われた。このひと夏の貴重な体験は、生徒たちに失いかけていた自信を取り戻させ、ひと回りたくましくさせたかと思う。

この「たく塾」はその後、11月から毎週金曜日の午後と土曜日の午前中も行われるようになり、さらには毎日の放課後と拡大、発展していくことになった。

第5章 子どもたちの心に寄り添って

兄のおかげで大学に行けた、教師になれた

私が教師になったのは、さまざまな境遇の子どもたちに少しでも寄り添ってあげたい、そういう思いがあったからである。被災した雄勝中の生徒たちのためなら何でもやろうと心に決めて、なりふり構わずやってこられたのも、そうした教師としての原点があったからだ。

私は１９６０年（昭和35年）、茨城県北茨城市に生まれた。常磐炭鉱があった街で、父親は炭鉱夫をしていた。母親は私を産んだ後、２週間で息を引き取ってしまった。当時３歳になる姉もいて、父親一人ではとても幼い２人の子どもは育てきれないということになり、私は母の遺骨とともに養子に出された。

引き取られたのは宮城県遠田郡涌谷町《わくやちょう》箟岳《ののだけ》にある曾祖母の家族の家だった。

育ての親は、私をほかの３人の兄弟と同じように育ててくれていたが、それでも私は幼少の頃から自分が「養子」であることはわかっていた。例えば私は末っ子なのに、「淳一」という長男を指す名前だった。もちろん周りの大人たちも口にこそ出さないが、

みんな私が「養子」であることを知っていた。それを子どもながらに感じていたのだろう。だから私は、小さい頃から「自分は親に捨てられた」という思いをずっと持ちながら育ってきた。

私を育ててくれた家も決して裕福ではなかったし、子どもが欲しいから私を引き取ったわけでもなかった。亡くなった母の祖母、つまり私の曾祖母（当時70歳）の「この子は私が育てる」という強い思いがあったからである。経済的にはかなり大変な貧しい農家だった。私の養育費は曾祖母が戦死した息子の遺族年金を充ててくれた。だから小さい頃から、「中学校を卒業したら就職しなさい」とずっと言われ続けてきた。就職して家を出ていくときのために、その曾祖母がわずかな年金から布団なども用意してくれていた。

だからといって、家のなかで邪魔者扱いされたりすることなく、兄弟たちはいつも私をかわいがってくれた。養父、養母も愛情を注いでくれていた。今でも心から感謝している。それでも私は「自分は孤独だ」「本当の居場所はここにない」という思いをずっと抱きながら育ってきた。

なんとか、学校での成績はよかった。というのも自分のなかでは、勉強していい成績をとることだけが、自分の存在証明のように思えていたからである。捨てられて当然の人間が、勉強して一番をとることでここに居られる、そんな気持ちがあったことは間違いない。

その養父も私が中学1年生のときにガンで亡くなり、養母もその看病のために翌年から寝たきりになり、長く闘病を続けた後に2010年に亡くなった。そういうこともあって、私を育ててくれたのは18歳年上の長兄だった。

「お前は養子だ」とはっきりと言われたのは高校に入学するときだった。前からわかってはいても、何か寂しさが心をよぎったのを覚えている。

じつは実父もときどきその家に来ていたのだが、私は受け入れることができなかった。心ない人から「あの人が本当のお父さんだよ」とも聞いていたが、私にとっては自分を捨てた親なのだという意識はいつも心の底にあった。それに実父は再婚して、すでに別の家庭があった。

音信不通にしていた実父と再会したのは、私が結婚してからである。妻から「たった一人の父親なのだから」と言われ、また私自身も28歳で亡くなった実母の年齢を超え、娘も誕生していた。「娘にとってもたった一人のおじいちゃんだから」ということで背中を押され、会いに行った。それでも父に対する抵抗感のようなものが心の隅にはずっとあった。その後、私を手離したことで父にも父なりの苦悩があったことを知るなどして、自分のなかでようやく父を許せるようになったのは、つい最近のこと。私がその心境に至るまで、およそ半世紀にわたる長い長い年月が必要であった。

曾祖母の年金と兄のあと押しのおかげで高校は何とか行かせてもらうことができたが、大学への進学はまず考えられなかった。家の経済状況からみて大学に行けるとも思えなかったし、はなから大学進学は難しいだろうと思っていた。地元でも進学校だった石巻高校に入学したものの、正直言って最初から学習意欲が湧かなかった。授業もろくに聞かず、試験のときは友だちからノートを借りて勉強する始末。3年生になってもとにかく就職ありきだったので、公務員試験を受けようかとか、気象大学校はお金をもらいながら行けるのでどうだろうか、などと考えていた。

そうこうするうちに、私たちの学年で初めて行われることになる共通一次試験の申し込み期限が迫ってきた。兄たちも私の行く末を案じてくれたのだろう。10月に入って、私の進学問題を話し合うために家族会議を開いてくれたのだ。

その席で進路を問われた私は、「行けるものならば、やはり大学に行きたい」と兄たちに気持ちを伝えた。

「現役で国立大に一発で入れるなら、やってみろ」——話し合いの末、条件つきでの私の大学挑戦が決まった。嬉しかった。そのときに長兄が言ってくれた「俺は砂を食《く》ってでもお前を大学に行かせてやる！」という言葉を、私は決して忘れない。

早くに父を亡くし、母が倒れ、兄は一家を支えるために本当に苦労してきた。とても大学に行かせてもらえるような経済状況ではなく、もちろんほかの兄弟で大学に行った者は一人もいない。そんななかで、実の弟でもない私を大学に行かせてくれると言う。

その兄のひと言で、私の人生は変わった。

そこから私の受験勉強が始まった。受験までの3カ月、私は猛勉強した。大学への「夢」が叶うかもしれない、「砂を食ってでも大学に行かせてやる」と言ってくれた、兄の期待に応えたいと必死だった。

猛勉強の成果があったのだろう。共通一次は思ったよりもいい点数をとることができた。その結果を踏まえて、二次試験で確実に入れるという条件で受験校を絞り込んだ。小さい頃から星や生物が好きだったので、理系の勉強がしたいという思いから山形大学を受験。なんとか合格することができた。

教師になろうと決めたのは、卒論のテーマとして選んだニホンジカの生態の研究で年間１００日以上も山に入るなどのフィールドワークを通じて、生命の素晴らしさや自然の厳しさをぜひ子どもたちに伝えたいと思ったからである。

同時にまた、子どもの頃からずっと誰かのお世話になっており、いつも「申し訳ない」という気持ちがあった。とにかく職を得て、早く自立したい。在学中も兄たちに迷惑はかけられなかったので、生活費もバイトで稼いだ。幸いにも学費は４年間無料であった。早く一人で生きていきたいとずっと思い続けてきた。自分で稼ぎ、自分の力で人生を切り開きたかった。

そうした気持ちが強かったので、教職に就くことが決まると、大学の卒業を待たずに中学校時代からつき合っていた妻と結婚し家庭を持った。宮城県の教員採用試験に受かると同時に籍を入れた。教員免許は小・中・高校を取得したが、自分には中学校が一番面白そうに思えて、中学校の理科教師になることにした。

最初に赴任したのは、仙台市内の中学校だった。

自分は山で育ってきたこともあり、いわゆる〝僻地〟の学校を希望していたのだが、真逆の市街地ど真ん中の学校だった。都会のマンモス校だったが、生徒は素直で、初めて担任した学級の生徒たちは卒業しても家まで遊びに来るなど、今でも一生のつき合いが続いている。震災直後のガソリンがないときに力を貸してくれたのもこのときの生徒だ。

その後数年して、同じ仙台市内の荒れに荒れた中学校に転任した。

生徒同士の、あるいは教師への暴力事件は日常茶飯事。生徒指導に明け暮れて夜中まで職員室の灯が消えない学校であった。ツッパリ生徒を相手に丁々発止の毎日だった。私はまだ20代の若さだったが、生徒指導主事として事件が起これば真っ先に現場に駆けつけ、教職員の先頭に立って生徒たちの指導にあたった。

そうした経験のなかで感じたのは、結局、荒れる学校にしないためには、教師が「授業の力」をつけなければいけないということだった。いい加減な授業をやっていたら生徒がついてこない。勉強に興味をなくし、学校が面白くなくなる。だから子どもたちは荒れる、そう実感した。もっと自分の授業の質を高めたいと思った。

そう思っているところへ、東北唯一の教員養成大学である宮城教育大学から声がかかった。附属中学校へ来ないかというのだ。そこならば授業がとことん研究できる。それに惹かれて宮教大附属中へ行くことにした。附属中では理科の授業を中心に、研究授業などにも積極的に取り組んだ。力量のある先生方から多くを学び、「授業」とは何かを追求する日々だった。

さらにその後、宮教大の大学院で勉強しないかと声がかかった。当時は「理科のスペシャリストになりたい」と思っていたので、そこで改めて2年間、動物行動学などをテーマに研究に打ち込んだ。久しぶりに学生に戻ったような気分だった。

しかし時間を待たずに現場が恋しくなった。

やがて現場に戻り、40歳のときには、いつの間にか教頭になっていた。たまたまの巡り逢わせだったのだろうが、全国的にも若い教頭だった。

ところがその後転任先となったのが、何と以前勤務していた荒れに荒れていた中学だったのだ。これにはさすがの私もプレッシャーを感じた。何しろ荒れた中学を何とかしたいと思って宮教大附属中に行き、大学院へと進んだのだ。そこで勉強を重ねて、また同じ中学校に戻ってきたのである。いわば自分の成長度合いがそこではっきりと試されるわけで、精神的にはかなり苦しかった。

その学校では教頭からもう一度教諭に戻って、落ち着かない生徒相手の指導も含めて3年間さまざまなことを経験した。文科省の学力向上フロンティア研究推進校に指定され、附属中で学んだことを生かし私なりの授業スタイルをつくり上げ、公開授業の担当者として授業づくりをリードした。肩の力を抜き自然体で行う授業、生徒と一体となった授業の大切さを改めて実感できた。

ここでは、校長先生はじめ学年のスタッフにも生徒にも本当に恵まれた。今回もそのときの先生方や生徒たちがすぐに支援金や物資を届けてくれた。

私の生徒指導で、もしほかの教員と違うことができる部分があるとすれば、それは自分自身が複雑な環境に育ったことによると思う。家庭に問題の多い荒れた子たちに向かって、ほかの大人たちが言う「頑張れよ」とは違う「頑張れよ」が、私には言えると思っていた。そのことが自分が教師として存在する意義であり、自分はこの子たちの気持ちに少しは近づけている、寄り添うことができると思っていた。だから家出して保護した子を預かったり、少年院帰りの子どもを家に泊めてあげたりした。

じつは「たくましく生きよ。」という雄勝中の校訓も、生徒たちに呼びかけると同時に、自分に向けての言葉でもある。そこには「負けないぞ」「一人でも生きていくぞ」という自分を鼓舞し、戒める気持ちが込められている。

思い返してみれば、あのときの長兄の「砂を食ってでも……」のひと言がなければ、今の私はなかった。雄勝中でのさまざまな取り組みも、生徒にいろいろな体験をさせてあげることもできなかった。若くして一家の大黒柱となり苦労を重ねた末に早世してしまった長兄だが、家や生活にしばられるなかできっといろいろな思いがあったと思う。やりたかったこともたくさんあっただろうと思う。

しかし、あのときに私に注いでくれた愛情が、今こうして、あの子たちを支え続けるエネルギーになっている。私はそのことを天国にいる長兄に、改めて感謝し報告したいと思っている。

雄勝中で取り組んだ2つの課題

その後、やはり仙台市内の中学校に45歳で教頭として赴任した後、仙台市教育委員会を経て、２００９年、49歳のときに校長として雄勝中に赴任した。その雄勝中で、震災に遭い、その後の日々を送ることになるのである……。

改めて教員生活を振り返ってみると、教頭、校長という学校での管理職になったのが若かったせいか、リーダーの役割の難しさと重要性を身にしみて感じてきた部分がある。例えば、教頭として赴任した学校では、学年主任、教務主任の全員が自分より年上だった。そこではまず、その現場で頑張ってきた先生方と信頼関係を築かなくてはいけない。

私には、今までの経験から学んだ私なりのやり方がある。それは新しい学校に行ったら、まずその学校の課題は何なのか明確にする。生徒指導でも学力向上でもいい。学校・生徒・地域の実態を把握し、課題を明確にする。課題のない学校はない。課題を明確にしたらあとはそれを解決するためのビジョンを示し、教職員のベクトル、向かう方向を揃えていくのである。教職員たちがその課題を解決しなければいけないという共通認識を持てば、自然にベクトルは揃っていく。そういう手法で私はやってきた。管理職としてはごく当たり前のことではあるが。

もちろん、私が雄勝中に赴任したときにも課題はあった。ひとつは学力面である。生徒たちのポテンシャルは高い。なので、それを引き出すための教職員たちの指導力を向上させる必要性を感じた。私は、教職員が力をつければ、もっと生徒たちの力を引き出せるのではないかと考えていた。そのために授業力向上を教員に課した。

生徒たちに力をつけさせるためには、とにかくいい授業をすること。授業の質が子どもたちの力に直結していく。「教員の授業力は学力に直結する」ということを全面的に打ち出して、自ら指導にあたった。

そのために全職員で研究授業を行った。私もすべての授業に出て、それに対するコメントを書いて教職員一人ひとりにレポートを渡した。私はふだんの生徒との触れ合いから生徒一人ひとりの性格や個性もわかっていたので、できるかぎり教員たちの立場に立って、細かなアドバイスを心がけた。

もうひとつの課題として、地域と学校を結びつけたいと思っていた。赴任したとき、都会から離れた雄勝辺りならば、もっと学校が地域に根づいているのかと思っていたが、実際はそうではなかった。地域住民も少子高齢化でお年寄りが多く、自分の子どもを育て上げてしまえば、もう学校とは疎遠になっているという感じを受けた。そのせいかどうも町全体に元気がない。

そこで、私は「雄勝中元気隊構想」というプランを提案した。

これまでも秋のホタテ祭りは全校で参加していたが、夏のウニ祭りなどの地域のイベントに積極的に中学生たちを参加させる。さらに、被災時にはミニレスキュー隊として、炊き出しや仮設トイレの設営などができるように積極的に訓練をし、技能を身に付けさせる。そうすることで雄勝中学校には70余名（当時）のエネルギー体がいるのだということを住民にアピールする。中学生たちが町を元気にしていく。子どもたちは町に貢献できる有用な人材であることを町の人たちに知ってほしかった。

２０１１年（平成23年）度からそれを始める計画で、じつは3月14日に地区長さんたちの前でプレゼンテーションをする予定だった。それが3月11日の震災で実現できなかった。残念ながら「元気隊」は構想のまま終わってしまったのだが、その頃から地域と密着した学校づくりという意識はあって、それは今の私の活動にもつながっている。

このような構想を打ち出していく基本にあるのは、子どもたちを笑顔にしたい。子どもたちと感動を共有したい。ただそれだけである。子どもたちと楽しいことをやりたいからアイデアが生まれてくる。それをどう実現させていくか、知恵を出し合う、そしてやるとなったら覚悟を決める。そして、「あの子たちを支えていく」というのが、今までの自分のすべてのモチベーションになっている。

雄勝再建、教育再建の好機

じつのところ震災後、私のテンションはずっと高いままであった。テンションを高くしていないと、心身ともにもたないのである。生徒たちと教職員を守っていくためにテンションを上げっぱなしでいる。そのかわり、一人になったときにどっと疲れがでる。

また恥ずかしい話だが、震災の影響もあるのだろう、すっかり涙もろくなってしまった。私の単身赴任の一軒家はすべて流されてしまったので、雄勝中には仙台から車で毎日往復5時間かけて通勤していた。その車のなかで一人、何度泣いたことか……。あの子たちが体験した状況に思いを馳せると、自然に涙が落ちてくるのである。そのたびに、何もかも失ったなかで、頑張っている雄勝中の生徒たちを何とか支えてあげたい。一生忘れられない経験をいっぱいさせてあげたい。そのためには自分の人脈から何からすべてを注ごうと覚悟を新たにした。

これまでを振り返ると私は本当に人に恵まれているとつくづく感じる。今まで赴任した先でも、素晴らしい教職員たちが不思議と周りに集まってくる。学年主任をした学校でも教頭をした学校でも、当時の仲間が今でも慕ってくれて支援してくれる。今の雄勝中でも本当に最強のスタッフ（34ページ参照）が集まっている。支援してくれる人たちも、なんでこんなに素晴らしい人たちが集まるのだろうと思うくらい恵まれている。

それでも本校の教職員たちには負担をかけっぱなしである。しかし誰も休ませてほしいと言わない。震災から2カ月が経ったときには、教員の蓄積した疲労はピークに達していた。

そこで5月に全校生徒たちを温泉に連れていった全校合宿で、教職員たちに向かって「みんなの〝年休（年次有給休暇）〟を俺にくれ」と呼びかけた。みんなは「どうしてですか？」とキョトンとしていたが、「とりあえず2日くれ。明日から2日ずつ休め」と言って、翌日から全職員を交代で休ませた。それをこれまで数回やった。子どもたちのためにと必死に走り続けるスタッフを何とか、休ませたかった。それにはこういう手法をとるしかなかったのである。

学校での課題を明確にする。自らが泥をかぶるつもりで解決のための先頭に立ち、教職員間でコミュニケーションを図り、解決のためのベクトルを揃える。ほかの真似をせずに自分のやり方を見つける。そして、何よりも生徒の気持ちに寄り添う。

文科省も教育委員会も、「校長の強いリーダーシップ」と「特色ある学校づくり」、「地域に開かれた学校づくり」を常々推奨している。雄勝中はまさにそれを実践しているのである。

マスコミもうまく活かしたいと考えている。私たちの取り組みを多くの人に理解してもらうことで、子どもたちそして保護者や地域の人たちの励みにもなる。特に地域の人たちはバラバラになって暮らしているので、子どもたちが頑張っている姿を見ていただくのは、地域復興の一助になると考えている。

といっても、私はマスコミならば何でも受け入れているのではない。単発の取材はとくに注意する。取材意図もわからないまま、こちらの準備も不十分で、不本意な報道をされてしまう場合があるからである。

取材申し込みがあった場合は、その取材意図を確認のうえ、できるだけ被災現地を見てもらうことにした。その過程で取材する方といろいろな話をする。話をするなかでこれまで子どもたちが歩んできた道のりをしっかりと理解していただく、そして被災地での空気を肌で感じてもらう。忙しいなかでも、マスコミが来たときに私が車に乗せて現地を案内するのもそのためなのである。

そうした関係づくりを大切にし、表面だけの記事にならないようにしてもらう。ある意味ではマスコミの方にも雄勝中の支援者になってもらう。

目的はもうひとつあって、マスコミの力を借りて雄勝中再建をアピールするためでもある。じつはまだ雄勝中がどのように再建されるか、はっきりとしていない。つい最近まで雄勝中も小学校もどの場所で再開できるかわからなかった。再建されずに各地の学校に散らばってしまう可能性もあった。

だからこそ子どもたちの頑張っている姿を見せ、雄勝中の存在価値をいろいろな形で示したい。子どもが雄勝に戻らなければ、雄勝の町の未来はない。故郷がなくなってしまうのである。だからこそ多くのマスコミの方に〝雄勝サポーター〟になってもらう。事実、そうなってもらっていた。特に「ＮＥＷＳ23クロス」（住友洋介ディレクター）は当初から本校の密着取材を続けてくれており、本校の復興の歩みを全国に発信してくれた。ありがたい限りである。

私はある意味、今がチャンスだととらえている。さまざまな問題が教育に問われているなかで、むしろできることもまだたくさんあるはずだ。機会があれば今まで私が培ってきた教育観を全面的に展開してみたいという思いもある。もちろんそれは自分のためではなく、生徒たちのために、である。

そういう意味では、震災後の復興をどのようにしていくのか、モデルケースとして雄勝中に対する関心は高い。文科省をはじめとする各省庁からもこういう支援プロジェクトがあるけれど、雄勝中で受けないかという要請が来ている。けれどもそれら全部を受けていたら本来の「子どもたちのために」という本質から離れてしまう。そこで、学校の外に実行委員会をつくってそちらで予算をつけたり、いろいろ工夫もしてきた。そうした動きが、後で述べる「雄勝スタイル」の教育や「雄勝の子どもと学校の在り方を考える会」につながっていくのである。

第6章 ― 子どもこそが復興の光

日本一の修学旅行

「雄勝スタイル」とは、これから目指す「新生雄勝中」の教育課程や組織・運営など、個性的かつ魅力的な学校のあり方を指す。今後重点的に取り組むことになる「志教育」も、現在の雄勝に即した「雄勝スタイル」を構築していくことになる。

この「雄勝スタイル」に取り組むきっかけは、やはり震災だった。

宮城県では震災前から県をあげて「志教育」というキャリア教育に取り組んでいた。そこにはニートやフリーターの比率が大きく、就業して3年以内に仕事をやめる率が高いなどの背景があったからである。

「志教育」とは、「小・中・高等学校の全時期を通じて、人や社会とかかわる中で社会性や勤労観を養い、集団や社会の中で果たすべき自己の役割を考えさせながら、将来の社会人としてのよりよい生き方を主体的に求めさせていく教育」（宮城県教育委員会ホームページより）というものなのだが、そのためには子どもたちが会社やお店などで職場体験をしたり、地域活動などへ参加したりすることが不可欠なのである。

じつは私が雄勝中に赴任するまで、雄勝の町での職場体験は行われていなかった。教職員たちは石巻市街地での職場体験先を探し、雄勝の町には目を向けていなかったのだ。「雄勝には事業所など受け入れ先が少ない」というのがその理由だった。

だが、私は「そんなはずはない。雄勝の子どもたちは雄勝で学ぶべきだ」と主張した。単に言うだけでなく、自ら職場体験を受け入れてくれる場所を探して回った。実際に雄勝の町には、規模は小さくても事業所や工場がいくつもあったのだ。

校長としての仕事に追われるなかで、畠山（前）教頭と２人で、時間をつくっては生徒を受け入れてくれる場所を探した。「生徒をぜひお願いします」と頭を下げ、交渉して回った。とにかく子どもたちが雄勝の町で職場体験している姿を地域の人たちに見てもらいたかった。先にも記したように、私は学校と地域を少しでも結びつけたかったからである。

そうやって建設会社での測量体験や食堂やマーケットでの売り子など、雄勝での職場体験の場を12、13カ所つくった。こうして雄勝の町での職場体験はある程度進んでいたのだが、今回の震災で地域が丸ごと全部なくなってしまった……。

ところが、震災で悲惨な状況なのに、教育委員会からは「志教育」をさらに進めてほしいという要請が再三来ていた。

被災当初、私はこのことに消極的だった。しかし、私は逆転の発想をした。雄勝中でもキャリア教育を進めようとしていたところに震災があり、すべての子どもたちが被災した。正直言って、雄勝中の子どもたちはそれどころではない状況下にある。家や家族をなくしたなかで、自分で生きていく道を探さなければならないのである。周囲には、職を失い、日々の生き方に迷っている大人も大勢いる。そんななかで子どもたちに夢を持て、未来を語れとはとても言えなかった。

だが、何もかもなくしてしまった彼らにこそ、自らがたくましく生きていく力を身につけ、将来どんな仕事に就くかということを考える場、学ぶ場が必要である。それならば、むしろこの「志教育」を学校のひとつの柱として掲げ、積極的に取り組もうと考えた。

この発想の転換に大きな役割を果たしたのが、2011年11月に行った修学旅行だった。5泊6日に及ぶこの雄勝中修学旅行を、私は「日本一の修学旅行」と名づけた。

なぜ、日本一なのか？

当初、震災から1カ月が過ぎた4月23日の保護者会で、私はこう話をした。

「3年生の修学旅行は凍結。1、2年生の遠足などの行事はすべて中止します」

何しろ生徒たちも保護者の方々もみな避難所暮らしで、とても旅行に行くような状況ではない。修学旅行のために積み立てていた費用も震災後の生活費に充ててもらうためにお返しすることにした。

しかし、私はそう話す一方で、何とか子どもたちを修学旅行に連れて行ってあげられないだろうかと、その可能性を密かに探っていた。そんななかで文科省生涯学習政策局の長田徹係長が被災校の修学旅行実現のために動いてくれていた。じつは長田さんは仙台市教育委員会の前指導主事で、かつて一緒に仕事をした仲である。

5月下旬、長田さんから、「キャリア教育コーディネーターの石川陽さんが、被災した学校のための職場体験と修学旅行を支援するプロジェクトを立ち上げている。直接会ってみないか」と伝えてきた。修学旅行実現への期待と望みを持って、6月末に石川さんと飯野川校で会うことになった。

じつは石川さんにお会いする直前に思い出したのだが、２００９年、私が仙台市教育委員会にいた頃、石川さんは経済産業省の仕事で京都市教育委員会の指導主事らとともに仙台を訪れていた。当の石川さんは直接会うまで私のことをすっかり忘れていたが、キャリア教育という言葉でつながった偶然の再会に驚いた。

石川さんは、「被災した子どもたちほどキャリア教育が必要だが、通常の授業さえままならないところに余分なプログラムを持ち込むことはできない。だからもともと一定の時間数があった職場体験、修学旅行の内容をより高めて提供する」という。1、2年生は東京の企業の受け入れ準備が進んでおり、3年生は京都の小中一貫校が観光プログラムをプレゼントしてくれるという。費用は企業から協賛金を集めるということだった。

同じ頃、長田さんを通じて文科省から、「全国生涯学習ネットワークフォーラム」（11月5～6日文科省主催・東京イイノホール）と東京駅のイベント（122ページ参照）をジョイントさせて、「雄勝復興輪太鼓」をこの2カ所で演奏してほしいという依頼が来た。これで日程が確定した。このイベントと企業協賛のプロジェクトをうまく連動させることができれば、被災した保護者や子どもたちに金銭的な負担をかけずに、職場体験と修学旅行が実現できる。

8月、受け入れ校である京都市立開睛小中学校を私自身が訪問し、観光プランを考えてくれる7年生（中学1年生にあたる）に雄勝の状況を説明した。その2カ月後、今度は学年主任3人を伴って再度京都入りし、受け入れ準備が進む開睛小中を訪れた。ちょうど文化祭の日で、7年生が雄勝中の生徒のために考えた京都旅行プランのコンテストをしていた。

学校長である初田幸隆先生が「受け入れる生徒たちは、知恵を絞って自分たちにできることを模索している」と言うのを聞いて、胸が熱くなった。

石川さんを通じて、職場体験の受け入れ先であるNHK報道局と資生堂では若手社員の方々がプログラムの準備をしてくれていると聞いていた。後に「雄勝・絆と創造の教育フォーラム（163ページ）」へと発展していく「協働の教育支援」の仕組みが、このときできあがりつつあったのである。

こうして11月4日から、1、2年生は3泊4日の太鼓演奏と東京での職場研修、3年生は5泊6日の太鼓演奏と修学旅行という雄勝中生たちの旅が始まった。

11月4日に雄勝を発ち、翌11月5日、イイノホールと東京駅での太鼓演奏には、東京の支援者の方々がたくさん応援に来てくださった。このときの演奏が、後々のドイツ公演などさまざまなイベントのきっかけとなる。見事な演奏を成し遂げた後、夜は生徒全員が楽しみにしていた東京ディズニーランドに移動。あいにくの雨模様だったが、夢だったディズニーランドを心から楽しんだ。

6日の午後から、1、2年生と3年生に分かれた。私と3年生は京都へ旅立ち、1、2年生は自主研修後、「青山マザーズ」のみなさんのお宅でホームステイを体験した。7日、1年生は渋谷のNHKを訪れた。報道局の心臓部であるニュースセンターを見学し、ディレクター、記者、カメラマンの方々に「ひとつのニュースができ上がるまでには多くの人の仕事がある」という話を聞いた。

2年生は、汐留《しおどめ》の資生堂本社を訪問。資生堂の社員の一人として商品のキャッチコピーを考え、プレゼンテーションした。ずいぶん厳しい評価を受けた生徒もいたようだが、若い社員の方々とのチームワークで乗り切ったようだ。午後は、銀座の資生堂パーラーに1、2年全員が集合し、テーブルマナーを教わりながら昼食をいただき、「資生堂パーラー伝統のクリームソーダ」を堪能した。

京都では、いよいよ開晴小中との交流。８００人の児童生徒を前にして、３年生わずか20名ながら圧巻の輪太鼓演奏を披露した。その後はなんと、お茶屋で舞妓さんによる「キャリア講話」を聞く。まだ16歳の舞妓さんは開睛中の前身、洛東中の卒業生だという。踊りや三味線もさることながら「14歳で一生の仕事を選んだ」という彼女の話は京都ならではだった。

昼食時は開睛小中に戻り、生徒会の交流会と給食も楽しんだ。献立は麦ご飯、鮭と大根葉のフレーク、里芋とこんにゃくの土佐煮、キャベツの吉野汁。主菜、副菜、汁物がすべて揃った給食は5月の生出中との交流会以来である。「平皿におかずがのっているのを見るだけで嬉しい」と話す生徒もいた。

その後、京都大学総合博物館へ移動。雄勝に戻れば高校受験という大きな試練を迎える生徒たちは、若手で才気あふれる塩瀬隆之准教授から「高校の出口を考える」というゼミを受け、博物館を楽しんだ。夜は開睛小中の生徒宅に2人ずつ分かれてホームステイをした。最初は緊張を隠せなかったが、ホストファミリーの温かな心遣いに、やがて心は解放され、それぞれが楽しい一夜を過ごしたようである。

8日は、開晴小中文化祭のコンテストで勝ち残った「京都プラン」を4班に分かれて楽しんだ。金閣寺や京都タワーなどの名所がたくさん盛り込まれていて、時間内に回りきれないグループもあったようだが、それも大切な思い出である。最終日の9日は、清水寺を訪問し、午後、伊丹空港へ移動。生まれて初めての飛行機で帰路についた。

雄勝中の生徒たちも修学旅行はもうできないとあきらめかけていただけに、楽しみにしていた行事が東京と京都で実現でき、どの子の顔も輝いていた。

東日本大震災の影響で、修学旅行を中止、もしくは縮小を決めた学校もあるなか、5泊6日の日数といい、職場体験と修学旅行の内容といい、まさに「日本一」と誇っていい修学旅行であった。改めて、この夢の実現にご尽力いただいた長田さん、石川さんに心から感謝したい。

このプロジェクトの根幹には、「被災した子どもにこそ、質の高いキャリア教育を」という強い理念があった。

今ここに、1、2年生の職場体験と3年生の修学旅行を、「志教育」の観点で一貫性を持たせ、なおかつ、企業のさまざまな人々との協働によって実現する雄勝中の新しい「キャリア教育」のスタイルができあがった。

そこでその成果を踏まえてフォーラムを開催することにした。

２０１２年1月24日、職場体験と修学旅行のプログラムを開発してくれた企業や大学、コーディネーターを雄勝中に招き、「学校教育と企業・大学の関係を考える」と題した「第一回雄勝・絆と創造の教育フォーラム」を行った。

目的は４つ。

・これからの「雄勝スタイル」の教育について多様な意見や情報を共有する
・子どもと地域を支える外部資源（企業や大学、民間団体等）との連携を深める
・継続的な支援活動を支える「絆」「協働」の仕組みづくり
・地域の再生、活性化および教育力の向上についての理解の獲得

子どものキャリア教育の内容だけではなく、学校教育のあり方そのものを地域や保護

者の方々とともに考えるというのがねらいであった。そこで、構成を第一部：企業・大学からの提案「修学旅行と職場体験プログラムの報告と評価」として、生徒と企業の方とのパネルディスカッション、第二部：地域を再生する学校構想の事例紹介、として、地域の要望で小中一貫校をつくった事例から学ぶ内容とした。

第一部のパネルディスカッションの主役は、雄勝中生である。全校生徒が参加し、東京・京都で受け入れてくださった企業や大学、コーディネーターの方々と再会。生徒の代表が大人たちに交じって率直な意見を交換し合い、体験学習の成果について評価を行った。

第二部では、京都から元京都市立大原小中学校校長の宮崎裕子先生を講師として招き、小中一貫校実現までの取り組みや家庭や地域の教育向上を図る仕組み、学校運営のあり方について話してもらった。

おそらく宮城県内でも例のない、ましてや被災した学校のこの取り組みは、新聞などでも大々的に取り上げられた。また県教委の報告書（平成23年度「みやぎの志教育」各管内実践事例集）でも紹介された。

京都への修学旅行。開睛小中学校との交流会で圧巻の太鼓演奏を披露。

「雄勝スタイル」によるキャリア教育の新しい方向性を示した「教育フォーラム」。

改めて視点を変えてみれば、雄勝中がこれまで取り組んできた「たく塾」や「人生出前授業」などのすべてが、子どもたちの生きる力を育み、将来に向けて確実に力を付けていくキャリア教育だと私は思っている。

フォーラムでは、生徒の代表が「地域の特産物を自分たちの手で販売していきたい」と提言した。雄勝中の特産品を子どもたちが自ら旅行先で売るという「ミニアンテナショップ構想」である。カキや雄勝石などの雄勝の名産品や「たくましく生きよ。」Tシャツなどの雄勝中オリジナル・グッズを生徒たち自身が売る。おそらくは、さまざまな課題や苦難を乗り越えなければ実現できない取り組みだが、それこそ実践的なキャリア教育であり、本当の「志教育」になると考える。

以前太鼓を叩いて喝采を浴びた東京駅で、輪太鼓を叩くと同時に、アンテナショップも開く。雄勝の子どもたちにとって、さまざまな大人との出会いを生む太鼓演奏はまさに「志教育」である。支援への感謝を伝え、触れ合う人々にふるさとの産品を買っていただく。それらの意味を教員も生徒も理解し、リンクさせていけば、「志教育」のねらいに迫ることができるし、雄勝中学校の存在をアピールもできる。

このように雄勝中がキャリア教育に先進的に取り組むのは、津波によって何もなくなってしまった子どもたちにこそ、キャリア教育は必要であるという信念に基づいている。将来に対して夢を持ち、正しい自尊感情を抱き、勉強し自ら力をつけなくてはいけないという学習意欲にもつながる。

こうやってさまざまな要素を連動させながら、ひとつの大きな柱にしていく。発想したことを、多くの方からのお力添えをいただきながら、またそれらの人と人とをつなぎながら、ひとつひとつの形にしていく。すべては子どもたちの笑顔のためである。

子どもたちに自信を芽生えさせた

そのほかにも次々と新しい取り組みに挑戦してきた。

５月、雄勝中を被災直後から支援してくれた横田ひろ子さんからゴスペルの話を受けた。震災で傷ついた心を癒してあげたい、また、歌うことで心を開かせたいという共通の思いから、ゴスペルを、２０１１年より選択の時間として「授業」に組み込んだ。音楽担当の千葉珠江教諭も引き受けることを決断してくれた。

指導者には永井信義さん（牧師で仙台ゴスペル・フェスティバル実行委員長）や、横田ひろ子さん、いがり大志さん（仙台在住の音楽プロデューサー）らである。公立中学校では全国初の試みだった。

２０１１年11月には、仙台市で開かれた「第10回仙台ゴスペル・フェスティバル」に「雄勝復興輪太鼓」とともに出演し、詰めかけた３０００名の観客の前で初めて鎮魂のゴスペルを披露した。フェスティバルのフィナーレのステージで「翼をください」「帰りたくなったよ」を熱唱したが、「雄勝に帰りたい」という生徒たちの思いが伝わったのか、会場には割れんばかりの拍手が響いた。

オリジナル曲にも挑戦した。震災地に届いた支援への感謝の詩を募集した「ありがとうの詩《うた》」（河北新報社主催）で優秀賞に選ばれた「あなたがいたから」（作詩・堀越そのえさん）に、いがり大志さんが曲をつけてくれた。

♪　あなたがいたから　歩き出せた　　あなたがいたから　笑顔になれた

あなたがいたから　人にやさしく　生きて　生きてこられた　♪

優しく温かい詩とメロディーにのせて、子どもたちの澄んだ歌声が響く。私はこの歌を聞いて何度も涙してしまった。ドイツ公演でもこの「あなたがいたから」を一部ドイツ語に訳して歌った。

なお、雄勝中生たちの歌声は、河北新報社から出された『ありがとうの詩　詩集・楽曲集』のＣＤに収められ、震災1周年を前に「ＮＥＷＳ23クロス」のエンディングテーマとして全国に放送された。

もうひとつ、私が今後取り組みたいと思っているものがあった。

それは６００年以上も前から雄勝に伝わる伝統芸能「法印神楽」の伝承だ。国の重要無形民俗文化財に指定されている「法印神楽」は、「法印」という修験者たちが祭りのときに集まり、祈りのために踊ったことに由来するという。６００年以上もの間、地域のなかで脈々と受け継がれてきた精神性と力強い舞の力には圧倒されるものがある。

しかし、雄勝の15の浜ごとにあった舞台の大半や衣装、神楽幕や道具、楽器などのほとんどが、今回の震災で失われてしまった。壊滅的な被害を受けて、この重要な伝統芸能の活動の継続が危機的な状況にある。

その地に根づいた文化と歴史を失っては地域の再生はあり得ない。雄勝の小学校ではクラブ活動でも神楽を教えていて、幼い頃から慣れ親しんでいる子どももいる。雄勝中でも昨年度まで総合的な学習の時間で取り組んでいた。この「法印神楽」を地域再生の要として、雄勝中でもまた本格的に取り組みたいと考えていた。具体的には、2012年度から必修になった体育の「ダンス」の授業に組み込むことにした。

こうした活動を通して、子どもたちは本当に変わってきた。自信を持って堂々としてきた。人との接し方にしてもそうである。雄勝中には外部からさまざまな人たちがやってくるが、いつも元気に挨拶し、どんな人とももののおじせずに接することができるようになった。人の目に鍛えられたというのだろうか。他校との交流会でも活発に意見を交わすし、教育フォーラムでも生徒たちは自分の意見を堂々と発言していた。

ひとつの例としてあげたいのが、前生徒会長・鈴木貴登君の挨拶だ。この挨拶がものすごくいい。すごいというか、人の心を打つ。どんどん成長しているのがわかる。ほかの中学校との交流会で、他校の生徒会長は原稿なしでスラスラと挨拶をする。ところがうちの生徒会長はたどたどしく話すのだけれども、けっして負けていない。間合いといい、抑揚といい、言葉に気持ちを乗せてくる。それが人の心を打つ。それがいろいろなところでできる。

文部科学大臣の前でも挨拶をした。教員だって緊張する場でも、堂々とやってのけた。事前に私と2人で練習した言葉をちょっと忘れてしまっても、うまく要所要所は押さえて外さない。たどたどしいけれど、伝わってくる。それは生徒会長だけではない。みんなが同じように成長している証だと思う。この思いを込めた挨拶は、次の生徒会長・伊勢直也君に確実に受け継がれた。

あの子たちはすべて失って人生をリセットしなければならない状況に追い込まれた。それをコンプレックスにせずに頑張っている。その姿を見ていると、私も本当にさまざまな取り組みをやってきてよかった、そしてそれは決して間違っていなかったと思う。

雄勝の復興の鍵を握るのは学校の再建

もちろんこうした活動も校長の私一人では何もできない。雄勝中の教職員たちの頑張りは改めて強調しておきたい。子どもたちがさまざまな人たちの支援や交流を通じて成長したように、教職員たちも成長した。

「教育フォーラム」のときには、午前に市内のサッカーの大会が校庭で行われ、昼には「合格祈願もちつき大会」をやり、午後からフォーラムという過激なスケジュールをこなす。今の雄勝中の教職員たちはそれぐらいの能力を発揮できるようになった。

ドイツ公演にしてもそう簡単なものではなく、招待は受けたもののスーツケースはどうする、着るものはどうする、パスポートはどうする、タイヤはどのようにして運ぶ、と課題は山積していたが、それを一つひとつクリアしていった。その対応能力は本当に素晴らしかった。

それでも私は、教職員たちにはさらなる向上を期待した。

石巻管内でも被災した学校、被災しなかった学校、いろいろある。生徒たちには「君たちは被災した人の痛みや苦しさを実感としてわかっている。君たちこそこれからの時代を生き抜いていく人材になるはずだ」と話してきた。

それと同時に、教職員たちには、「被災してしまったからには、被災していない学校に負けないくらいの、いろいろな力をつけよう。私たちは被災して大変な思いをし、苦労も体験も積んだ。だから授業でも生徒指導でも、雄勝にいたことがステイタスになるくらいの気持ちでいよう。『雄勝にいました』と胸を張り、『雄勝から来た教員は違う』と言われるくらいの力をつけていこう」という話をしてきた。

ときには厳しいことも言った。

「苦しかったり、疲れたりするのは当たり前である。子どもの成長のために労力を提供しているから私たち教員はお金をもらっている。その苦労や努力がなければ、絶対に子どもは変わらない」と。大変な思いをしたあの子たちを支えていくのに、「疲れる」のは当たり前である。それでも私たち教職員は子どもたちを支えなくてはいけない。むしろ「疲れない」なんてことがあってはいけない。

ほかにも課題はある。

例えば子どもたちの心のケアにしても、時間がかかる問題である。中学時代は3年間しかない。一緒に被災して心をひとつにして今まで乗り切ってきた教職員たちにしても、いつまでも雄勝中にとどまっていられるとは限らない。

じつは、私も2012年3月をもって雄勝中を去ることになった。雄勝中に赴任して2年になるので、いつ異動してもおかしくない状況にあった。それでも私はこの子たちを残していけないと、何とか留任を希望し続けた。

私の知らないところで、雄勝中の保護者や地域の方たちから、「雄勝中の佐藤校長をぜひ留任させてほしい」という運動が起きて、全国から3143人の署名が集まっていた。そうした支持の声をいただけるとは本当に身に余る思いで、感謝の気持ちは言葉では言い表せない。だが、そうしたみなさんの期待も叶わなかった……。

私としては、この3143人という署名していただいた方の思いを胸に秘め、心の支えとしてこれからの教師人生を送っていきたい。雄勝中学校の校長であったことの誇りを生涯忘れずに。

雄勝中学校が、これからどうなっていくのか。

私は、新生第2期として、この1年の成果と課題を明らかにして、さらに学校づくりに力を注ぎたい、生徒たちにもっともっと貴重な体験をさせたいと考えていた。あの子たちにとって、これからこそさまざまな心のケアが必要となる。走り続けてきたこれまでとは違い、仮設住宅での暮らしや間借りでの学校生活が長引いてくると、そのストレスやこれまで心の奥深く沈んでいたものが表出してくる。これからがある意味では正念場である。輪太鼓や部活動、勉強をバランスよく運営して適度な目標を持たせ続けたり、達成感を味わわせたりすることが重要となる。

また、これまで通り、雄勝中学校再建を視野に学校づくりをしていく必要がある。何年か先の本当の新生雄勝中学校を目指して、これからも魅力的な学校であり続けてほしい。そして、どんなに学校生活に日常が戻ってきても、多くの方から支えられてきたからこそ今の雄勝中学校があることを絶対に忘れてはいけない。

じつは、被災して何もなくなった雄勝地区に学校が再建されるかどうか、震災からしばらく経ってもいっこうにはっきりしなかった。私はそのために地域の人たちの協力を得て、「雄勝の子どもと学校の在り方を考える会」を立ち上げ、２０１１年7月から活動を始めていた。

目的は次に示すような、今後の雄勝地区の学校の在り方を考え、次の時代を担う子どもを地域・学校がどのように連携し育てていくべきかを考え、提案していくことにある。

・どのような子どもを育てたいのか（育てたい子ども像の共有）
・どのような学校であるべきか（学校の在り方：雄勝スタイルの創造）
・いつ、どこに学校を建てるべきか（主体性を持った学校づくり）

構成メンバーは、石巻市役所雄勝総合支所長、雄勝漁業協同組合・末永陽一氏、雄勝硯生産販売協同組合理事長・澤村文雄氏、雄勝法印神楽保存会代表・伊藤博夫氏、雄勝小中・船越小ＰＴＡ会長、各校女性保護者代表の方々で、「地域の方と一緒に学校づくりをしていきたい」という私の思いにみなさん賛同してくれた。事務局を雄勝中に置き、阿部教頭を事務局長とした。

２カ月に一度、会議を開いて議論を深める一方で、保護者へ雄勝復興に対するアンケート調査なども実施した。

雄勝の復興。その鍵を握るのが、学校再建なのである。

私は雄勝に、誰もが入学してみたいと思うような小中一貫校をつくりたいと考えていた。少人数の学級で、地域の特性を活かしたきめ細かな教育を９年間じっくりと行う。それこそ小粒でもキラリと光る教育の雄勝ブランドになると思うのだ。何もかもなくなってしまったのだから、それぐらい大胆な発想が必要なのではないかと思ってきた。

特色のある魅力的な学校がつくれれば、「あの学校に子どもを入れたい」と思う地域の親たちも増え、それが地域の復興につながる。雄勝がよみがえる。そのために魅力的な学校をどうつくるかということを、この「考える会」を中心に話し合いを進めてきたのである。

途中から委託事業を受ける形で、文科省から予算もつき、10月には修学旅行の下見も兼ねて京都の小中一貫校、１月には地域の人たちと一緒に九州・福岡にコミュニティスクール、佐賀に小中一貫校の視察にも行った。

そうした私たちの思いが届いたのだろうか、雄勝小と船越小が２０１３年４月に統合され、将来的には雄勝の大浜地区に新校舎を建設し、雄勝中もそこに併設されるという方針が出された（２０１２年2月27日）。

今はもう雄勝中の校長ではない私だが、今後も雄勝の教育と地域に対して、積極的にかかわり、雄勝のために子どもたちのために力になりたいと考えている。雄勝を去った人間がなぜ雄勝にこだわるのかといわれれば、私は子どもたちに対する責任があると思っているからである。私が校長として関わってきた雄勝の子どもたちと町が今後どうなっていくのか、見届ける責任があると思っている。だから雄勝のためならこれからも労を惜しまない。

私の心は、いまだ雄勝にある……。

本当の復興の光は、子どもたちだ

子どもたちから何もかも奪った震災の日から無我夢中で駆け抜けた1年だった。

この間、一番苦しかったときに私が感じたのは、「人間は捨てたものじゃない」ということだ。震災前の日本といえば、閉塞感が社会を覆い、悲惨なニュースが続くなど暗澹たる状況にあったと思う。もちろん今も大変なのは変わりないが、震災があって本当に多くの人に支えてもらい、また互いに頑張りましょうとみんなで支え合った。名もなき人たちによって震災直後の雄勝に「道」がつくられたように、日本中がそうだったと思う。その姿を見て、私は改めて「人間っていいな」と思った。

その気持ちが、私を前へ前へと押してくれた。

そしてこれからも、これまで誰も経験したことのない状況下で、私たちは、さまざまな問題や課題に対応しながら前を向いて歩いていくしかない。子どもが未来に向かって歩き続けるように、私たちも立ち止まっていられない。そう思っている。

子どもたちは将来、この体験を糧に絶対に社会に何かを返してくれる、力を発揮してくれるはずである。自分たちが支えられてきたぶん、人を支えられるたくましく生きる人になってくれると確信している。なんといってもあの子たちは、ほかにはない貴重な体験をしているのだから……。

あの子たちこそ復興の光であり、地域の希望である。

まだまだ伝えきれないことはたくさんある。しかし、私たち教職員と子どもたちが経験した1年の記録をぜひ残したいと思い本書を記した。大惨事のなか、ひとつの学校の取り組みが、ひたすら前に向かって歩んできた教職員と子どもの姿が、本書を通して多くの人たちに勇気と元気を与えられればいいと思っている。

エピローグ

震災から1年。
いつでも、いつまでも「たくましく生きよ。」

あの日から1年、そして卒業式

２０１２年3月10日。その日、石巻北高校飯野川校の多目的ホールで、平成23年度の雄勝中学校卒業式が行われた。

ちょうど1年前の3月11日に、平成22年度の卒業式が、今は廃墟となった雄勝中の体育館で行われた。その直後に、私たちは東日本大震災に襲われた。

今までに経験したことのない強い揺れとその後の巨大津波によって、雄勝中の子どもたちは、思い出の校舎も、教科書も、家も、大切な人も、すべてを失った。

それから1年。本書で記してきたように怒濤の日々を過ごしてきた。あっという間の1年であったようでもあり、同時に長い長い1年でもあった。

しかし、今日こうして震災をたくましく生き抜いた雄勝中生たちを、無事に送り出すことができる……。私の胸には万感の思いが去来していた。

3年生22名、全員が出席した卒業式。私は思いを込めて、卒業生一人ひとりに校訓である「たくましく生きよ。」の文字が刷り込まれた雄勝中オリジナルの卒業証書（デザインは高橋重樹さん、浄書は工藤しげさん）を用意した。

厳粛な雰囲気のなか、登壇した最初の3年生に私が卒業証書を手渡した後、それは起こった。

その生徒が突然叫んだのだ。

「校長先生、今までありがとうございました！」

思いもよらない言葉と展開に、一瞬何が起こったのかわからなかった。私の涙腺をはじく、強烈なカウンターパンチだった。

「雄勝中の校長先生が佐藤校長先生で本当によかったです。ありがとうございました」

「ここまで私たちが来られたのも、すべて校長先生のおかげです」

「今年1年、僕たちのためにたくさんの思い出をつくってくれて、ありがとうございました」

「この1年間楽しく過ごすことができました。最高の中学生活を送ることができました」

「私は本当に校長先生に会えてよかったです」

「校長先生、今まで私たちを支えていただき、ありがとうございました」

「校長先生からいただいた今までの思い出を胸に刻み、これからの人生を歩んでいきたいと思います」

「校長先生をはじめ、先生たちが僕たちをここまでにしてくれて、ありがとうございました。これからは生徒たちのためだけでなく、自分たちの体のことも考えてください」

次の生徒もその次の生徒も、次から次へと生徒たちが、私に感謝の言葉をかけてくる……。誰から言われたのでもない。子どもたち自身で考え、相談を重ね、私へのプレゼントとして演出したものだった。

とめどなく涙がこぼれ落ち、私は生徒の名を呼ぶのがやっとだった。生涯、これほど人の名を思いを込めて呼ぶことはないだろう。涙をこらえながら私は、式辞を読んだ。


時はさまざまなものを乗せながら、確実に、無情にも過ぎていきます。

あの日から３６５日。

君たちは寒い夜を山で過ごし、長い長い避難所生活に耐え、やっとの思いで仮設住宅やアパートに入りました。

再開した学校は間借り生活。何もかもが制約を受けるなか、君たちはこの1年間、本当によくやった。よく頑張ってきました。

雄勝中学校をリードし、ここまで牽引してくれました。

心から誉めてあげたいと思います。

そして、心から感謝します。

あのとき、襲いかかる大自然の猛威に、私たち人間はあまりに無力でなすすべもなく、ただ呆然とするばかりでした。

しかし、被災した翌朝には、瓦礫を押し分け道をつくり始めていた地域の方々がいました。その一本の、切り開かれた道を見たとき、どのような状況からでも這い上がる人間の強さとたくましさを感じました。これが雄勝魂だと思いました。

その魂を受け継ぐ君たちは、その秘めたる力を至るところで見せてくれました。

君たちは、何もかもなくなってしまった雄勝中学校の新たな歴史に多くの足跡を残してくれました。

君たちは、この1年間、互いに支え合うこと、助け合うことの必要性と大切さを学びました。そして、この逆境を、力を合わせて乗り切ってきました。人の心の痛みや哀しみが分かる君たちこそがこれからの復興の光であり、この閉塞感がある日本を打開し、リードしていく存在なのです。

大生《だいき》、菜々《なな》、英理《えり》、郁人《いくと》、拓《たく》、理乃《りの》、玲士《れいじ》、恵理《えり》、桂《けい》、颯希《りゅうき》、郁姫《いくみ》、眞美《まみ》、清香《さやか》、里《り》穂《ほ》、和希《かずき》、かれん、貴登《たかと》、優真《ゆうま》、純嗣《あつし》、ひなの、明恵《みょうえ》、明香《みょうか》。

卒業おめでとう。

君たちは新生・雄勝中学校第一期生です。

「たくましく生きよ。」

自らの人生を自らの力で切り拓いていけ。(一部抜粋)

卒業生代表による答辞がじつに素晴らしかった。そこには、3年間の思い出と怒濤の日々を生きたこの1年の思いが込められていた。

答辞

まるで何事もなかったように、季節が流れ、日一日と、新しい季節のにおいが強く感じられるようになりました。故郷、雄勝を離れたこの飯野川の地にも二度目の春が訪れ、今日、私たちは雄勝中学校を卒業する日を迎えました。

振り返ってみると、3年間というよりは、この1年間の大きすぎる思い出が、今、次々に鮮明によみがえってきます。特に東日本大震災は生徒一人ひとりに残酷な運命を突きつけてきました。

家、思い出、大切な人、そして雄勝中学校の校舎や、ふるさとすべてを飲み込んでいき、私たちに明日は来るのかと、先が見えない不安だけを残していきました。

しかし、そんな不安を和らげてくれたのは先生方でした。混乱のなかでの安否確認、散り散りになった私たちに少しでも早く冷静さを取り戻させようと、間借りしての学校の再開。心の支えとしての、学校の存在の大きさを強く感じた出来事でした。その対応の速さに頼もしさと私たちへの愛情を感じました。

学校が始まってからも、どこか寂しさを隠せない私たちに、太鼓という目標を与えてくださいました。私たちの思いを太鼓にぶつけよう、たくましく生きていこうとする私たちの思いを、さまざまな人に届けようと、全校で取り組みました。時間とともに進化した太鼓。〝輪太鼓〟を通して、多くの人に感謝の気持ちと勇気を伝えることができました。私たちの魂を込めた太鼓が、たくさんの方々に届き、多くの応援をいただいたことを、とても嬉しく思っています。ドイツでの演奏の機会をいただいたことは、私たち3年生の誇りです。

この1年間で学んだことは私たち3年生にとって、いや、1、2年生にとっても、人生の大きな財産になるものだと思います。学校で行われていたことすべてが、じつは普通のことではなかったということも知りました。「今まで通りに普通に」と望んでいた人はたくさんいたと思いますが、それらすべてが特別なんだということにも気づきました。こんな大変ななか、学校で味わう充実感は、これまでにないものばかりでした。

校長先生をはじめとする、大好きな雄勝中学校の先生方。私たちの雄勝中学校と雄中生を守っていただき本当にありがとうございました。私たちの進む先には楽しいことが待っている、明るい未来があるんだ、そんな思いを持ち、常に前へ前へと進むことができました。

笑顔が絶えなかった教室。力強いかけ声が響いていた体育館、グラウンド。いつもそばにいてくれた友だち。場所が変わっても、私たちの望むものは何ひとつ変わらず私たちの隣にありました。かけがえのない雄勝の仲間とともに過ごしたたくさんの思い出を胸に、新たな世界へ進んでいきたいと思います。

雄勝中生であったことを誇りに思うとともに、支えてくれたすべての方々に感謝し、答辞といたします。本当にありがとうございました。(一部抜粋)

平成24年3月10日　卒業生代表　鈴木貴登

午後からは雄勝中PTA主催で、これまで支援してくださった方々による「卒業を祝う会」も開催された。

オープニングは、太鼓指導にあたってくれた族《やから》さんの演奏、藤原和博さん、林真理子さん、岡崎トミ子さんの挨拶、黒木瞳さんのパリからのビデオメッセージ、邦楽器によるAUN　Jクラシック・オーケストラ、浅野祥君と族さんたちのコラボによる豪華な競演、雄勝中生による「雄勝復興輪太鼓」演奏、そしてゴスペルなど盛りだくさん。しかも司会はいつもお世話いただいている横田さんとゴスペル歌手のジョン・ルーカスさんだ。

なかでも3年生が初めて叩いた本物の和太鼓での「伊達の黒船太鼓」は圧巻だった。3カ月以上のブランクを感じさせない迫力のある演奏に会場から大きな拍手が沸き起こった。

保護者会代表からいただいた挨拶も心にしみた。


今日卒業する卒業生のみなさん、おめでとうございます。そして先生方に心から感謝いたします。地震と津波で被害を受けたのは生徒たちだけではありません。先生たちも同じく被害を受けています。にもかかわらず、先生たちは生徒たちに希望を与えるために、心が痛くても生活が大変でもそんな姿を見せずにいつも笑いながら生徒たちを指導してくださいました。本当に心から感謝いたします。そして何よりも太鼓があって良かったです。生徒たちも太鼓ができてこそ頑張ってこれたと思います……。

1、2年生の輪太鼓との合同演奏も素晴らしく、思い出に残る「祝う会」だった。

校長最後の日は、最高の舞台で

3月30日、私は東京ドームのグラウンドにいた。

2012年プロ野球開幕戦（巨人×ヤクルト戦）。オープニング・セレモニーのイベントに、国歌斉唱するAKB48らとともに雄勝中の「雄勝復興輪太鼓」が出演することになったのだ。

世界的な太鼓奏者・レナード衛藤さんの演出のもと、JSDAキッズ・ダンサーズのダンスや東京・武蔵小山商店街のみなさんが担ぐ神輿との競演だ。

リハーサルを終えて本番へと向かう卒業生を含めた39名の雄勝中生たちに向けて、私はこう語りかけ激励した。

今日は、雄勝中学校校長としての最後の挨拶になります。

今年度を締めくくる最高のステージです。
ぜひみんなの魂を、雄勝の「復興輪太鼓」を5万人の観客にぶつけてほしい！
よし、行くぞー！

ドォーン！　ドォーン！

ドームを埋めつくした観客に向けて、テレビ中継を通じ日本中に向けて、雄勝の子どもたちの思いを込めた太鼓の音が鳴り響く。ドームの天井を突き抜けるかのようにみなの思いがこだまする。

最高の舞台だ。

よくぞここまで来た。

私と雄勝中の教職員、そして子どもたちが経験したこの1年間の苦難と苦闘、そして歓喜に満ちた日々に思いを馳せながら、私は子どもたちと多くの支援者たちに頭を下げた。

ありがとうございました……。

阿部紀子教頭に聞く「佐藤校長と前へ前へ進んだ日々」

震災のときは、雄勝の隣町にある北上中学校の教頭でした。学校（校舎）は無事だったのですが、生徒や親、地域の人たちが500人以上避難してきて、一緒に過ごしました。じつは北上は私の最初の赴任地で、被災した生徒たちの親も私の教え子たちでした。そうした意味では私にとって二重の教え子たちです。ところが生徒も地域も被災して大変な状況なのに、雄勝中へ異動の辞令が出ました。どうして私なの⁉ なぜ、転勤なの⁉と、正直、この人事異動については恨みました。保護者である昔の教え子が「船も家も流されたけど、俺たち頑張るから」と言うのに、その子たちを裏切って出ていくような気持ちで、本当に辛かったです。

でも、北上中にいたら佐藤校長との出会いはなかったわけです。雄勝中に移って1年過ぎてみて、今は雄勝に来て本当によかったなと思っています。ものの見方や考え方など、とても勉強になり、ここで学んだことを今度はみんなに返していけばいいんだな、と思うようになりました。

雄勝中に異動するにあたっては、北上中の校長先生から「学校（校舎）はないからな」と言われていましたが、私はまだ雄勝のことを考える余裕がなくて、年度末の事務処理や引き継ぎのことで頭がいっぱいでした。次の教頭先生に北上中のさまざまなことを託さなければいけないのに、地震で学校の備品やパソコンも使えない。データはあっても開けない状況だったので、ほかの中学校でパソコンを借りて保護者への連絡文書や引き継ぎの書類をつくりました。

そうして雄勝中に異動し、飯野川中にある仮職員室を初めて訪ねたときに、先生方がとっても温かく迎えてくれて「ああ、ここなら安心してやっていけそうだな」と思ったことを覚えています。

その後、前任の畠山教頭との引き継ぎで、佐藤校長と初めてお会いしましたが、そのときにお二人から「津波ですべて流されて、残念ながら引き継ぐものは何もありません。教頭先生のこれまでの財産で何とかやってほしい」と言われました。私が北上中で使っていたデータや書類をもとにして、なんとかやってほしいというのです。

そのときに佐藤校長からは、雄勝の被災状況や子どもたちの避難状況、先生たちが安否確認に走り回り、全員の無事が確認されたことなどをお聞きしました。

佐藤校長も私もジーパンにジャンパーという格好だったのですが、さすがに赴任日はスーツを着ていこうか迷っていたところ、当日の朝に佐藤校長から電話があり、「長靴で来てください」と言われました。なぜかというと、被災現地に入るためです。佐藤校長が自ら車を運転して、新任だった勝見先生も連れて現地を案内してくれました。瓦礫となった校舎に入り、職員室の中で「教頭先生は本当はここで仕事をするはずだったんですよ」という話をされました。自分の家や町が津波で流され、家族や学校まで失った子どもたちがどんな思いでいるのか、赴任してきた私たちも実感し、その思いを共有してほしいという願いがあったのだと思います。私は自分自身も、十数年前に建てた家が津波で全壊し、家も学校もなかったので、雄勝の状況や保護者や生徒の不安、どこに向けていいのかわからない怒りや悲しみは理解できました。

それから佐藤校長と二人三脚での怒濤の日々が始まりました。私には校長先生が今からどう動こうとしているのかをすぐにキャッチできたので、自分ができることは何だろうかと考えて、すぐさま行動に移しました。高校、大学時代の友人に電話をかけまくり、支援の物資を送ってもらうことにしたのです。

生徒たちは着のみ着のままで避難したので、何も持っていない。校長先生は生徒や保護者に「学校を再開するので、とにかく何も持ってこなくてもいいから、何も心配しないで学校に来てください」と呼びかけていましたが、そうは言っても鞄から靴から文房具までいろいろな物が足りない。友人たちのツテをたどって、それらの物をとにかくかき集めました。それから学校再開に向けて準備をしていくのですが、文書ひとつにしても、過去のデータが残っていないのでゼロからつくりました。毎日、夢中で過ごしましたが、佐藤校長と仕事をするのは楽しかったです。

佐藤校長は何がしたいかというビジョンをはっきり示してくれるので、私にとっては仕事がしやすいんですね。とにかく「子どものためにはなりふりかまわず何でもやろう」という思いに迷いがないので、私も自分の気持ちをすんなりと重ねられる。いちいち、これはこうですね？　と確認しなくて済む。校長先生はこう思っているんだ、じゃあ私はこう動いて間違いないな、という感じ。だからいつも2人でゴーゴーレッツーGO！（笑）　この1年間、何の迷いもなく仕事ができました。

最初は校長先生の言うままに動いていましたが、私が何か提案をすると「それ、いいね！」と採用してくれる。例えば、東京駅で「雄勝ブランド」を売るならば「シールをつくりましょう」と提案すると、「それ、いいね」と言ってくれて、校長先生が「じゃあ、ファイルもつくろう」、「それ、私やります」みたいな感じで。

ですから、校長先生と会話をしていると「前に」しか進まないんです。後ろ向きな話は出てこない。「これやりましょう」「じゃあ、こっちもあるよね」「それ、私やります」という感じで進んでいくんです。だから、いつもワクワクしながら仕事をしていました（笑）。

もともと美術教員ということもあって、太鼓の台に描かれた「生きる」文字や「たくましく生きよ。」旗、ウインドブレーカー、Tシャツ、封筒、OGATSUロゴなどいろいろデザインさせてもらいました。

ほかにも、生徒たちを連れて「輪太鼓」で東京・渋谷に行き、日韓フェスティバルに参加したり、AKB48の事務所と文化祭の交渉をしたり、海外からの取材に応じたり、普通の教頭だったらとてもできないような経験や出会えないような人たちと知り合って、本当に楽しかったです。

私はとにかく、生徒たちを「格好よく」見せたかったですね。「被災した」生徒というイメージだけで見せたくなかった。震災で何もかも失ってしまったけど、太鼓を叩くときはみんな胸を張って、本当に「格好いい」生徒としてみんなに見てほしかったんです。「格好いい」は自信につながります。生徒たちの演奏をよりアピールできると思ったんです。ですから太鼓の台にしても雄勝の海でブルーがいいという案があったけれども、私は日本の伝統美である赤・黒・白にこだわった。その統一感が太鼓を叩くときのコスチュームにも反映されて、白い鉢巻きや赤いリストバンドに進化していくんです。そして、その色で生徒たちが演奏する会場の雰囲気ができるのです。

苦労ですか？　うーん、苦労とか苦しいとか思う間もなかったです。とにかく「前へ、前へ」でしたから。校長先生にはなんでも話せたので。これが思うことを話せなかったり、思いが伝わらなかったりしたら、苦しいと感じることもあったのかもしれませんが……。

そういう意味でも、佐藤校長は教職員の気持ちを高めるのが上手なんだと思います。夢を共有できるというのかな。夢を共有する術《すべ》をすごくわかって、持っているんですね。言葉による説得力もあるし、校長先生の行動力も大きかったと思います。

気持ちだけでガンガン言っているように見えて、じつは結構緻密に伏線を張ったり、準備していたりする。例えば、温泉合宿に連れて行って、みんなの気持ちがほぐれているときに、バーンと太鼓の構想を打ち出して、じつはすでに太鼓の手配もされていたりとか。私たちの知らないところで動いて、準備していたりする。炊き出しをしたときも、自分の家から薪を運んできたり、宮教大に行ってパッと道具を借りてきたり、そういう行動力はすごいなと思いました。

何よりも校長先生の言う「子どもにとって」という考え方も、私たち教職員にとって一番大切でブレてはいけない部分です。それが私たち教職員だけでなく、生徒や保護者の方たちも一緒になって進んでいく夢を共有できた。だからこの1年があったのだと思います。うちの先生たちはすごいです。そんな校長先生にみんなでついて行った。一人ひとりがそれぞれの立ち位置にいながら、校長先生のビジョンのもと、あうんの呼吸で動けるのです。それも走りながら、即応しながら。もしほかの学校でこんなことやったら職員室で暴動が起きているかもしれない（笑）。

震災は本当に生徒たちや地域からたくさんのものを奪ってしまったけれども、生徒たちも私たちも、本当に貴重な経験をさせてもらったと思います。生徒たちがいなければ、私たちのこの1年の経験はなかったわけですから。生徒のエネルギーとか、思いとかはやっぱりすごいです。太鼓の演奏ひとつにしても、一人ひとりの真剣な「思い」やすべての感情を包括した「魂」が込められているので、ほかの演奏とは圧倒的に訴えるものが違います。

子どもたちはこの1年で本当に変わりました。麺棒をばちにすることは私が提案しましたが、麺棒を持つと子どもたちはみんなアーティストになる。それだけ自信を持って太鼓を叩けるようになりました。でも雄勝の生徒たちだって、ある意味では、普通の生徒たちだと思うんです。それなのにこれだけの能力を発揮できる。子どもが能力を発揮できないのは、それを引き出していないだけだと思います。どんな子だってそれぞれに素晴らしい能力を持っている。

私も新学期のミーティングで、「子どもの良さなんて、特に目立たない子は本当に見ようとしないと見えてこない。でもそれを引き出してあげれば、その子にとって大きな力になる。それを引き出せるか出せないかは、子どもの問題ではなく、私たち教職員の力だ」と話しました。

この考えは校長先生もまったく同じだと思います。

校長先生の異動が決まったときは、「エッ!?」と思いましたが、じつは3学期ぐらいから外部の支援者との打ち合わせや会議に一緒に参加するように言われていましたので、校長先生もある程度は異動を覚悟されて私に引き継ぐつもりでいたのだと思います。それでもあと1年は一緒に仕事をしたかった……。私自身も、校長先生から学んだことはすごく大きかったですね。

「生徒のために」とはよく言う言葉じゃないですか。でも、それを具体的にどうやって実現していくのか？　どうやって子どもの心に入っていき、子どもがそれを受け止めて実感できるまでにしていくのか？　実際にはなかなかそこまでできないと思うんです。でも雄勝中の生徒たちは、この1年で、さまざまな方たちの支援や太鼓を通して校長先生の思いや願いをしっかりと受け止めたと思います。そこまでいって、本当の意味で「子どものため」なのかなと強く思いました。それが校長先生から私が学んだ一番大きなことですね。

あの日の言葉で振り返る「激動の387日」

2011年

3月12日　山（森林公園）から下りて雄勝の町を見て

「……全員生きててほしい」

3月19日19時6分　全員無事を確認、仮職員室でガッツポーズ

「やったあ！　奇跡が起こった。神様ありがとうございます」

3月20日　未明、眠れない夜を過ごしながら

「あの惨状のなかを生き残った子どもたちにいったい学校教育が何ができるんだ。いや、学校教育こそがあの子たちを支えていくんだ」

3月20日　仮職員室にて

「毎月20日を雄中の日とする。再開に向けて歩み出した日を忘れないために。

どれだけ集まるかわからないが、生徒を集めてみよう」

3月21日　流された校旗が届く

「この校旗は復興のシンボルとする。このまま泥だらけでいい」

3月22日　初めての集合日

「よくぞみんな生きていてくれた。これ以上のことはない」

3月31日　離任式

「未曾有の大震災をともに経験し、今まさに雄中の復興に向けて、再建に向けて一歩を踏み出そうというときに、3人の先生を送り出すことになったことは、残念この上ありません。特に、ここに間借りしながら、ともに寝泊まりしながらみんなの安否確認や心のケアにあたった教頭先生、立身先生の思いは、いかばかりなことか……」

仮職員室に送られてきたさまざまな支援物資。

4月4日　臨時校長会中に密かにメールで職員へ

「今、学校再開場所が決まった。すぐに全家庭に知らせるように」

4月14日　新入生一日入学にて

「何も準備することはありません。体ひとつで来てください。必要なものはすべて学校で用意します」

4月　職員ミーティングで

「学校も廃墟と化した。それならいっそのこと建物だけでなく、組織、運営のあり方もすべて見直そう。すべては子どもたちのためにという、教育の原点に戻ろう」

4月21日　始業式にて

「今は、遠く離れて高校に間借りしているが、君たちがいるところ、まさに君たちこそが雄勝中学校そのものだ」

4月21日　入学式式辞（抜粋）

「私たちは、この震災で多くのものを失ったものの、元気でここにこうして生きていることが一番であること、命の尊さ、重み、1個のおにぎり、温かい味噌汁、食事ができることの幸せ、1枚の毛布のぬくもり、互いに支え合うことの大切さ、多くのことを学びました。

人として大きく成長したと思います。

この経験を、そして、これからもある、不便さ、不自由さをバネにして、エネルギーにしてたくましく生きていこうじゃないですか。

少々なことには、負けない、へこたれない強い人間として……（中略）

終わりに、3月11日、卒業式の最後に言った言葉を改めて君たちに贈ります。

『負けるな　雄中生　たくましく生きていけ』

そして、この『たくましく生きよ。』を
これからの雄勝中学校の校訓とすることを宣言して式辞とします」

4月23日　学校再開場所について、保護者会にて

「ここがベストではないかもしれない。しかし私たちは最善を尽くしました」

「ふかふかの布団で寝かせてあげたい。温泉にゆっくり入れてあげたい。5月17日、生徒全員をこっそり温泉に連れて行くことにしました」

4月末　初めての簡易給食を前に

「えっ、これだけ」

4月24日　立花貴氏、山本ケイイチ氏と会って

「あの子たちにお腹一杯食べさせてあげたい。いろんなことで我慢を強いられているのに、せめて食べ物でひもじい思いをさせたくない」

4月25日　花見会にて

「生徒を笑顔にする。今はこれが一番の心のケアだ」

船越小学校の子どもたちと合同での花見会。

4月30日　藤原和博氏、林真理子氏、鳥居晴美氏らと会って

「あの子たちのためなら何だってやります」

5月17日　全校合宿で

「感謝の思いを伝えるために、
みんなが元気でここで頑張っていることを表すために、全員で太鼓をやろう。
そして少しでも地域の方に感動や元気を与えることができたらすごいことだ」

5月18日　大衡中との交流会後、バスを見送りながら

「絶対にあの子たちに誇りと自信を持たせてやる」

5月20日「雄中の日」制服を着る会

「まさかこんな日が来るとは思わなかった」
「生きてさえいればきっといいことがあるから、
いっぱいあるから」

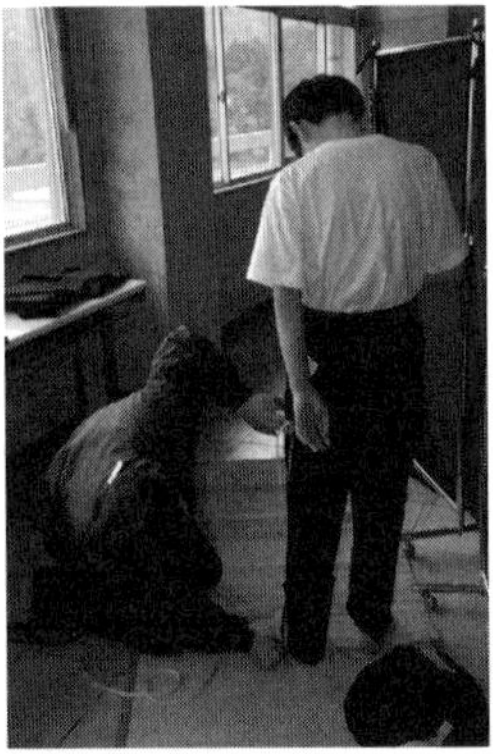

待ちに待った制服採寸。

5月31日　石巻市校長会にて、教育委員会への質問

「給食は何とかならないでしょうか。
多くが避難所生活をしている本校では、
おにぎりやおかずを持ってこいとは言えません。
簡易給食では学校生活はもちません。
せめて食べることでひもじい思いはさせたくない。
食事は生きることの根幹です」

6月8日　輪太鼓初打ち

「これは、すごいものが生まれる」

7月20日　1学期終業式にて

「大変な大変な1学期でしたが、ここにいるみんなで乗り越えてきました。
そしてそれを支え続けてきた、先生方に校長として心から感謝します」

7月28日「雄勝の子どもと学校の在り方を考える会」にて

「私は、雄勝の将来を担う大切な大切な宝を預かっている。あの子たちが戻らなければ、雄勝の未来はない。学校再建を目指して、今から魅力的な学校を創り始め、一人でも多くの子を戻してあげたい」

8月18日　講演会にて

「私は、教育者としてこれまで培ってきたもの、人脈も、すべてあの子たちのために注ぐ」

8月22日　2学期始業式にて

「雄勝は注目度が高まっている。自信にしていい。けれど絶対に感謝の気持ちを忘れてはいけない。おごるな。謙虚であれ」

9月11日　廃墟と化した校舎を前に感謝と鎮魂の太鼓演奏

「私たちは、これからも前に向かって歩んでいきます。そのためには今日、しっかりとこの校舎に向き合い、

あの日から目を背けず、この半年間のあまりにも大きい変化を受け止め、
ここにいる雄中生が今こそ心をひとつにして、
互いに支え合いこの現実を乗り越えていく覚悟をみんなで共有したいと思います」

10月20日　雄中デー集会にて

「被災してしまったことはこれはどうしようもない、しょうがないことです。
でも、そのぶん、君たちはまぎれもなく多くの貴重な体験、経験をしている。
成長することだ。変わっていくことだ。
いっぱい大変な思いをしたぶん、
被災していない生徒よりも、大きく成長することだ」

11月9日　修学旅行最終日、仙台空港に降りて

「きっと将来、この修学旅行を最高の修学旅行だったと、
日本一の修学旅行だったと胸を張って自慢する日が来る」

11月12日　仙台ゴスペル・フェスティバルにて、演奏終了後
「この子たちは雄勝の宝です。復興の光です。
これからも私たちは全力でこの子たちを支えていきます」

12月2日　生出中、大衡中御礼の演奏会にて
「5月、みなさんに感謝の気持ちを伝える術を何も持ち得なかった。
今、こうしてその気持ちを太鼓の一打一打に込めて
みなさんに伝えることができるようになりました」

2012年

1月5日　3学期始業式　ドイツ下見中、スカイプにて
「今、ドイツにいます。こちらは、まもなく夜中の1時です。
今年も間借りの校舎ですが、君たち3年生と一緒に過ごすあと3カ月間を、
私たち教師も君たちを支えながら一日一日を大切に送りたいと思っています」

3月9日　3年生を送る会にて

「みんな幸せになってほしい。ただそれだけです」

3月10日　卒業を祝う会にて

「今日の太鼓演奏は最高だった。
この演奏を私は一生の支えにして生きていく。
多くの人から支えられてきた君たちは、
将来きっと人を支える、たくましく生きる人になる」

3月17日　ドイツ公演会場にて

「今日は被災地を代表しまして感謝の気持ちをお伝えに参りました。
今日訪れている生徒は全員が被災していますが、
みなさまのおかげで前を向いて元気に頑張っております。
どうか子どもたちの魂のこもった太鼓演奏をお聞きください」

3月29日　離任式にて

「君たちを笑顔にしたい。その一心でやってきた。
君たちは大きく大きく成長した。
それは予想をはるかに超えていた。
心はここに置いて行きます。
君たちといつもともにあります。
先生方、この子たちのことをよろしくお願いします」

3月30日　東京ドーム巨人開幕戦
オープニングセレモニー直前

「この1年間の集大成として最高の舞台が用意された。
君たちの魂を5万人にぶつけてこよう」

3月31日　生徒との最後の別れ　ホテルロビーにて

「いつも笑顔で、いつまでも元気で……」

2012年3月30日、プロ野球開幕戦の東京ドームで感無量の「雄勝復興輪太鼓」に酔う。

3・11から4年後、
雄勝中の生徒たちと、復興輪太鼓の今

雄勝中卒業生　座談会（2014年12月29日）

「雄勝中での体験からみんながひとつになる、団結することの大切さを学びました」

出席者
鹿野　悠歩（高2・17歳、雄勝中当時2年生）
清水石雄大（高1・16歳、雄勝中当時1年生）
牧野　大輔（高1・16歳、雄勝中当時1年生）

――最初に佐藤校長から「太鼓をやろう！」と提案があったとき（111ページ参照）、どんな気持ちでしたか？

鹿野　それまで選択授業の「総合的な学習の時間」で太鼓を叩いていたので、震災の後もいつか太鼓を叩きたいと思っていたのですが、太鼓も全部流されてしまってもう叩けないのかな、と思っていたところに佐藤校長先生からそういう話があって、本当に嬉しかったです。

清水石　僕はそれまで太鼓は未経験でした。母が保存会で叩いていましたけど、でも自分が叩くようになるとは思っていませんでした（笑）。

牧野　僕は小学校の学芸会で叩いたり、父が保存会で太鼓をやっていたので、自分も素直にやりたいと思いました。

――それが２０１１年の５月で、翌月には全校揃っての初打ちがありましたね。

鹿野　最初は経験のある私たちがデモストレーションをして、その後みんなで叩いたのですが……、リズムとか揃わなくて、これはちょっとヤバイかなって（笑）。

清水石　それらから夏休み中も含めて、ほぼ毎日練習していたよね。

牧野　ハードだったよね（笑）。

鹿野　でも練習はキツかったけど、みんなで太鼓を叩けるのが嬉しかったです。

――初演奏は２０１１年８月の「教育夏まつり」（１１６ページ参照）**でした。**

鹿野　初めて人前で演奏するので緊張しましたけど、みんなの演奏も揃って自信になったと思います。

清水石　あのときに、「これならいける！」と思いました。

牧野　そうですね。

——復興輪太鼓だけでなく被災後の雄勝中ではさまざまな支援や活動がありました。一番印象に残っていること、嬉しかったことは？

鹿野　家族や家をなくしたり、転校した人もいるけど、とにかく入学したみんなで、一緒に卒業できたのが嬉しかった。太鼓でいえば、東京の渋谷公会堂での演奏（120ページ参照）で初めてセンターを務めたときが、今までで一番緊張しました。

清水石　被災してみんな避難所もバラバラになってしまって、久しぶりに学校でみんなに会えたときは嬉しかった。

牧野　太鼓はもちろんですが、それまで清水石君たちとバンドもやっていたんですが、楽器もみんな流されてしまって……。3年生になってようやくバンド活動を再開できたときは嬉しかった。

——逆に一番大変だったこと、苦しかったことは？

牧野　僕は母を亡くしているので、やっぱりそれが一番辛かったです……。

鹿野　私は被災した後の避難所暮らしですね。避難所では自分のスペースがないし、ホッとできる場所がないので……。

清水石　僕も半月間、避難所で暮らしましたが、隣の人がどんな人かわからないし、好き勝手にできないので、学校に来てみんとなワイワイ騒げるのが楽しかったですね。

――改めて雄勝中での体験を振り返ってみて、今はどう思っていますか？

鹿野　雄勝中の同級生は保育園からみんな一緒で、先生たちとも仲が良かったので、その仲間たちと一緒に太鼓を叩けたのは本当に楽しかった。今の高校生活も楽しいですけど、ときどき中学時代に戻りたいなと思うこともあります（笑）。

清水石　海外での演奏とかほかの中学校では体験できないことがいっぱいあって、雄勝中にいたからこそできたと思っています。だから高校でほかの中学校の友達に話すと、ビックリされますよね（笑）。

牧野　今振り返ってみると、普通に考えるとあり得ない3年間だったと思いますね。本当にいろいろな貴重な体験ができました。

――改めて雄勝中の体験から学んだことは何だと思いますか？

牧野　みんながまとまる力というのは、中学校の3年間で学びましたね。

清水石　みんなで太鼓を打って、ひとつにならないと演奏は上手くいかないんですね。団結力や友情の大切さを改めて知りました。

鹿野　じつはそれまで人前で話したりするのが苦手だったんですね。それが経験を重ねて、大勢の前でも緊張せずに話せるようになりました。自分も成長できたと思います。

――卒業後も太鼓演奏は続けられているそうですが、後輩たちに伝えたいことはありますか？

牧野　雄勝中を卒業した後も有志で演奏活動には参加していて、2014年9月に仙台で行われた「GLAY　EXPO」では5万5千人の前で演奏しました。

清水石　僕はGLAYの大ファンなので、同じステージに立てて本当に嬉しかったです。

鹿野　これからもタイミングが合えば、演奏には参加していきたいと思っています。雄勝の復興もぜひ進めてほしいです。

牧野　雄勝中の生徒も減っていますが、ぜひ復興輪太鼓は続けていってほしいと思います。

清水石　被災して大変だった一番最初の太鼓の思いをぜひ忘れずに、活動してほしいと思います。

――今日はありがとうございました。

佐々木裕 太鼓担当主任に聞く（2014年12月29日）

「ハンパじゃない『生徒のために』を佐藤校長に教えてもらった」

佐藤（元）校長が雄勝中から転任されることを知らされたのは、ドイツ公演の最中でした。最初に聞いたときは、もう「え〜！　この先どうしよう？」ですよね。今まで雄勝中を引っ張ってきたのは佐藤校長ですからね。でも、佐藤校長からは「この方向性で間違いない。このままつき進んでいっていいよ」と言われましたし、阿部紀子教頭からも「復興輪太鼓が雄勝中の武器だから」と言っていただいて、自分はこれからも変わらずこの路線を引き継いでいけばいいのかな、と思いました。

幸い対外的な交渉などは、佐藤校長の方針を引き継いだ阿部教頭（194ページ参照）に主にやっていただきました。輪太鼓演奏は今も「総合的な学習の時間」のなかにしっかり位置づけし、雄勝中の全校生徒が学校内外での演奏活動を行っています。また、新しく赴任されてきた早坂信也校長も、その後赴任された及川牧校長も、これまでの雄勝中の活動と復興輪太鼓に込めた「思い」や「目的」を引き継いでいらっしゃるので、フットワークも軽く、活動しやすい環境になっています。

２０１２年には、東京駅・雄勝アンテナショップやセ・リーグの開幕戦・都市対抗野球大会（東京ドーム）での応援演奏、さらに日韓文化交流会の招きで韓国・ソウル公演も行いました。２０１３年にはＮＨＫ震災特別番組でＡＫＢ48とコラボ演奏し（２０１２〜２０１４年の連続３年間）、沖縄県うるま市の中高校生による現代版組踊《くみおどり》「肝高《きむたか》の阿麻和利《あまわり》」のオープニングアクトとして出演、２０１４年もニューヨークやウガンダの学生・子どもたちとの共同公演「世界がわが家」（あしなが育英会と米ヴァッサー大学主催、演出は「レ・ミゼラブル」などでトニー賞を受賞するなど世界的に著名なジョン・ケアード氏）の東京・仙台公演にも参加しました。

その一方で、地元石巻市や雄勝のイベントなどでも積極的に演奏し、できるだけ地域に貢献できる活動を行っています。

こうした活動が続けられるのも多くの方々の支援があってこそです。従来から支援をいただいている3Dファクトリーや和太鼓グループ「族」のみなさん（116ページ参照）や日韓文化交流会のみなさんなどの力は本当に大きいですね。

もちろん親御さんたちの理解と協力も大きいですね。「ほぼ全員が家も思い出もなくした子どもたち、とにかく将来につながるいろいろな経験をさせてほしい、たくさんの思い出をつくってほしい、雄勝中なら最高の経験ができると信じている」、その思いがずっとあるから、海外公演も含めて、生徒たちの活動についてはいつも二つ返事でOKを出してくれていたんですね。

やはり被災して食べるものも家も何もないときに、とにかく学校に来てくれればなんとかする。夏休みでも構わないから、生徒が来てくれさえすれば学校が面倒を見るからと言って、実際に食べ物を確保し、勉強も教えた。生徒を笑顔にしたい、保護者の負担を少しでも減らしたいという佐藤校長を中心とした教職員の思いが通じ、学校との信頼関係ができたのだと思います。生徒の姿も生き生きしていくのがはっきり見えました。

そのことが基盤にあるので、佐藤校長が転任された後も、楽しいことはたくさんあっても、苦しかった、辛かったという思い出はひとつもありませんね（笑）。

演奏旅行などではやはり安全面を一番に気遣いますが、それもサポーターのみなさんがしっかりサポートしてくれるので心配はありませんでした。たとえば、ソウル公演は日韓関係が最も険悪と言われる時期に行くことになりましたが、現地では、もうまったく問題はありませんでした。日韓文化交流会の方たちもよくしてくれて、どこへ行っても大歓迎を受けました。騒いでいるのはネットや報道関係者だけじゃないかという感じでしたね。表敬訪問したソウル市長も、とてもフレンドリーな方で、「悲しみに耐え前向きに生きているみなさんの姿勢は我々の学ぶべき姿です。世界のどの国よりも近い韓国・ソウルを十分に楽しみ、同世代と交流してほしいと思います」との言葉もかけていただきました。このソウル公演は職員も含めて全員で参加しましたので、本当にいい経験ができたと思います。

雄勝中での活動を振り返って、一人の教師として思うことは、自分のなかで生徒に対する考えが変わったことが一番大きいですね。一般的な言葉として「生徒のために」にと先生方は言うじゃないですか。ところが、佐藤校長の言う「生徒のために」はハンパじゃない。本当に「生徒のために」なんです。

私もこれまで「生徒のために」と思って、特に部活動などでは、かなり熱心に指導してきました。ソフトボール部の顧問をしていたときは、全国大会に二度出場し、全国ベスト8まで進んだこともありました。いわゆる部活動バカだったんです（笑）。卓球でも県大会常連校でした。それはどれも、もちろん「生徒のため」なんですが、心のどこかに自分が教師として評価されたい、成績を残して自分が嬉しい、という「自分のため」でもあったと思います。

ところが、佐藤校長の「生徒のために」は、自分はさておいて、本当に生徒のことを考えて行動している。それはもう次元が違いました。その佐藤校長の姿を見て、自分ももっとできるんじゃないか、自分が生徒のためにできることは何なのか、といろいろ考えさせられました。全教員を肯定的にとらえてくださり、決して否定しない。すべての先生が自分の役割以上の働きをしていたと思います。懐の深い校長先生でした。この校長先生の思いが、現在の活動にもつながっているのだと思います。

それから、じつは教師の世界って狭いんですよ。先生同士のつながりはあっても、それ以外の世界に拡がっていかない。ところが雄勝中がいろいろな方から支援を受けて、現場の教師以上に力を持っている人がいることを教えられたり、マスコミの力で全国から支援が集まることを知りました。改めて、世のなかというのはいろいろな人たちの支えがあって、成り立っているんだということに気づかされました。むしろ教師って非力だな、と感じることもありました。

それに生徒から教えられることもたくさんありました。生徒たちは自分たちの役割を知って、率先して動いてくれる。演奏旅行中でも太鼓が破損すれば「先生、今晩テープの貼り直し作業をしていいですか？」と自分たちから言ってくる。私たちにまで気を遣ってくれて、生徒が教師をいたわってくれるんですよ。例えば荷物を運んでいれば「先生、持ちましょうか」とすぐに生徒が来て運んでくれる。だから、私なんか荷物を持ったことがない（笑）。本当に生徒たちには感動させられましたし、この子たちと一緒にいられて本当に良かったなと思いますね。

復興輪太鼓があったからこそ、雄勝中が再生できた。ですからもちろんこれからも、輪太鼓の活動は継承していきたいですね。２０１５年には四大陸公演が企画されている「世界がわが家」のニューヨーク公演参加も決定しています。また、３Dファクトリー、卒業生の親御さんたちの協力で、復興輪太鼓を継承していく「希望の鼓　雄輪会」という団体も立ち上げ、卒業生たちの活動の受け皿もつくりました。

また２０１７年（平成29年）度には、校舎が新築され「新しい雄勝中」が開校しますが、そこでも雄勝の伝統芸能である法印神楽と黒船太鼓の方々たちに、特別非常勤講師として雄勝の小中学生に伝統芸能を継承していただく予定です。

今は多くのみなさまからご寄付いただいた本物の「和」太鼓を叩くことが多いですが、廃タイヤによる「輪」太鼓は、雄勝中再生の原点です。この原点を忘れずに、今後も活動を続けていきたいと思っています。

終わりに

生徒を笑顔でいさせたい。その思いで1年間やってきました。

あの大震災を生き抜いた雄勝の子どもたちに学校教育ができること、それは何かを模索しながら、教職員たちと一緒に駆け抜けた1年でした。教職員にも大きな負担をかけました。私の思いが先行し、次々と打ち出す企画やイベントに翻弄させられながらも必死に子どもたちを支えてくれました。本書のなかで述べてきたことは、本校教職員がいたからこそ実現できたことです。改めて心から感謝します。

「雄勝復興輪太鼓」の誕生はあまりにも奇跡的です。しかしその〝奇跡〟は、まさに奇跡的に生き残ったあの子たちのために用意されたものだと思います。

「温泉に連れて行きたい」との私の思いに、近畿日本ツーリストの石原栄二さんが紹介してくれたのが「ホテル華乃湯」さんだったこと。そこで子どもたちに太鼓の話をし、たまたまそれを聞いていたホテルスタッフの方が練習用にとタイヤ太鼓を紹介してくださったこと。

伊達の黒船太鼓保存会の神山正行さんが指導を引き受けてくれたこと。和太鼓グループ「族」さんと出会ったこと。「たく塾」の実現で夏休み中に練習できたこと。その昼食のバックアップを「青山マザーズ」や立花恵さんらがしてくださったこと……。このどれかひとつが欠けていても輪太鼓は完成しなかったのです。

不思議です。あり得ない話が次々と重なっていきます。

しかし、私にはこれが偶然とは思えません。雄勝中学校の生徒が持っているけなげさや明るく前向きに生きる姿が人を引き込み、つなぎ、必然的に輪太鼓は生まれたのです。ドイツ演奏も、あの子たちのまっすぐに打つ輪太鼓の響きが呼び寄せたものと思っています。

あの子たちが打つ太鼓はほかの太鼓とは違います。文字どおりドーンと胸を打ちます。そしてどんどん進化しています。それは、あの子たちの思いと同時に多くの方の思いが次々と重なっているからだと思います。

「感謝を伝える」という域を越え、聴く人に感動と生きる勇気を与える存在になってきています。最悪な状況のなかで多くの人に支えていただいたあの子たちが、今度は人を勇気づける、支えになるというものすごいことをやっているのだと思います。

輪太鼓が今後どのようになっていくのか、その〝輪〟がどれだけ広がっていくのか楽しみです。いつまでも見守って行きたいと思います。

またこの1年は、保護者の方々に支えられた1年でもあります。ＰＴＡ活動が凍結されたにもかかわらず、伊藤会長はじめ保護者のみなさんには、雄勝中学校のさまざまな取り組みにいつもご理解とご協力をいただきました。

保護者会のたびに、私から提案するさまざまなサプライズ企画にもいつも笑顔で承諾してくれました。特にドイツ行きでは「多くを失った子どもにとって最高の経験になります」といただいた言葉が、「絶対連れて行く」と私の覚悟を決めることになりました。

地域の方々も同様です。多くの方から支持をいただいたことが、私の学校運営の支えとなりました。

そして、あの惨状から雄勝中学校が歩き出せたのも、今こうしてあるのも、多くの方々の心温まるそして継続的なご支援があったからこそです。学習用品、衣服、食事、義援金など本当に苦しいとき、多くの方々が手を差し伸べてくれました。本書でも記したように「人間っていいな、素晴らしいな」ということをつくづく実感させられました。その無償の支援、笑顔にどれだけ励まされたことか。感謝が言葉になりません。

本書のなかで紹介しきれない方も大勢いらっしゃいます。この場をお借りして、その失礼をお詫びいたします。

また、私には、生死の確認がとれないなか3日間探し続けてくれ、その後、すべてを雄勝中学校に注ぐ私をずっと支え続けてくれた家族がいます。今まで以上に大切にしたいと思います。

雄勝中学校の校長を去り、今はまだ自分の心を持てあましているのが本心です。あの子たちの笑顔が離れません。未練たらたらです。でも、あの子たちもたくましく生きています。私もそうあらねばなりません。ともに過ごした1年間は、それぞれの人生を大きく大きく変えた1年でした。
「たくましく生きよ。」これからもこの言葉を常に心に置いて生きていきたいと思います。

最後に、「1年をふりかえって」と題された雄勝中在校生・伊藤裕汰くんの作文を紹介して、この「あとがき」を締めたいと思います。

「いってきます。ただいま」と言うと「いってらっしゃい。おかえりなさい」と返してくれる家族がいる。「こんにちは」と言うと「こんにちは」と返してくれる町の人がいる。
学校へ行って、勉強をして、友だちと遊んで、部活をして、家に帰って、ご飯を食べて、テレビを観て、お風呂に入って、寝て……そんな平凡な毎日が続くと思っていました。

雄勝町、そこは自然豊かでとても美しい町でした。けれども3月11日、雄勝町は人々の涙とともに消えました。

それは突然すぎる出来事でした。たくさんの人々が犠牲になり、「ただいま」と帰る家も失ってしまいました。家が流されて、メキメキという音が僕には悲鳴をあげているように聞こえました。悲鳴をあげて流されていく雄勝町を見て、ただ立ち尽くすことしかできませんでした。

その時僕は、悔しさと悲しみの二つの感情しかありませんでした。

それから避難所でたくさんの人から支援をしてもらい、この1年間を乗り切ることができました。それは家族や友人、先生方や支えてくれた人たちがいたからだと思います。一緒につらい経験をして、一緒に楽しい思い出をつくって、たくさんのものを失ったけれどたくさんの人と出会い、たくさんのことを学びました。

そのなかでも、太鼓を通してたくさんの人に感謝の気持ちを伝えることができました。

その思いはたくさんの人に届いたと思います。自分も太鼓を通して勇気や希望をもらいました。仲間とひとつのものに取り組み、ひとつのものを奏でる。僕はみんなで太鼓を叩いているときが一番楽しいです。

僕がこの1年間を振り返って感じたことは、一人ではけっしてつらいことは乗りこえられないということです。たくさんの人と励まし合い、力を合わせれば必ず乗りこえられると僕は思います。この1年間で学んだことは将来の大きな希望になると思います。そのことを忘れずに、これからも仲間を大切にして学校生活を送っていきたいと思っています。

(そして、原稿用紙の余白に、こんなうれしい一文が)

校長先生、最後に僕からお願いがあります。

それは僕たちと過ごした日々を忘れないでください。つらい時や苦しい時は、僕たちと過ごした日々を思い出してください。僕たちはいつまでも家族です。たまには雄勝中学校に来てくださいね。その時はまた、みんなで思い出話に花を咲かせましょうね。その日までさようなら。そして、1年間ありがとうございました。

本書をまとめるにあたって、じつはそのきっかけをつくってくれたのは私の母校である石巻高校の同級生たちでした。第51期生徒会長の坂本忠厚君、本書の版元である㈱ワニ・プラス代表取締役の佐藤俊彦君、編集協力の森口秀志君ら「チーム石巻高校」の友情に感謝します。

最後の最後にもう一度、怒濤のごときこの1年間、雄勝中学校に関わっていただいた、そして出会ったすべての人に、心を込めて、

「ありがとうございました。」

２０１２年４月

佐藤淳一

新書版発刊にあたって

あの大震災から4年が過ぎました。

誰にでも平等に月日は流れ、周りには日常が戻り、平穏な日々が訪れたかのようです。

あの日、1万8000人もの方々が犠牲となりました。この数の大きさを今更ながら考えさせられます。あのとき、家族を失い、友人を失い、恋人を失い……この数につながる何倍もの方々が、今もなお、悲しみやつらさを癒されることなく胸の奥にしまい込んで日々を生きています。そして現在も、23万人を超える方々が仮設住宅などで避難生活を送っています。

こうした現状のなか、世の関心が大きく低下しているのを感じます。

私は、全員が被災した雄勝中学校の生徒に対して「いつも笑顔でいさせたい」、その一心で関わってきました。そんなあの子たちも今は全員が高校生になり、この春、社会人になる生徒もいます。復興の力になると力強く宣言して、あのとき卒業していった子どもたち。

自分の人生に多大なる影響を及ぼした出来事をどう昇華して、これからの生き方と重ねていくのでしょうか。

4年目の春、それぞれがそれぞれの道を歩んでいます。あの子たちにとって、震災からの最初の1年は、いったい何だったのでしょう。輪太鼓やさまざまな体験や出会いが何かの支えになってくれたのでしょうか。苦境のなか、立ち止まることをせず、前へ前へと向かって進んだあの日々。もっともっとしてあげたいこともいっぱいありました。

新書版発刊にあたり、被災当時の子どもたちの作文をあえて掲載しました。どのような状況下に置かれ何を感じ、どうしようとしたか。ぜひ、記録として留めたいと思いました。また折々の子どもたちの言葉を加筆し、さらに今も一人雄勝中学校に残って、輪太鼓を守り続けている佐々木先生の思いを聞きました。

そして、どうしてもここに書き添えたい出来事がありました。

雄勝中学校をドイツへと導いてくれた西島篤師さんが、2014年10月23日に永眠されました。43回に及ぶ被災地支援から帰宅した5日後のことです。

西島さんとの出会いは2011年6月8日。なんとあの輪太鼓初打ちの日。今になって振り返るとその後の運命を物語るかのようです。

学校は再開したもののまだまだ混乱の最中、西島さんは、遠く愛知県豊橋市から支援金を持って来てくれたのです。そのときの校長室は、何年も使われずにいたほこり臭い視聴覚準備室。西島さんは、廊下から2段ほどの段差を一気に登り両手で握手を求めてきました。今でもそのときの顔が浮かんできます。私の人生にとっても雄勝中学校にとっても大きな大きな出会いの瞬間でした。

西島さんは、校長室に掲示していた雄勝中学校の被災当時の写真を眺めては涙を浮かべ、牛乳とコッペパンだけの給食に怒りを顕わにしました。

それから、西島さんは毎月、豊橋から駆けつけてくれました。必ず何人かの方を連れ、被災地の現状を多くの方に

豊橋の名産を届ける在りし日の西島さん
（前列右：雄勝中校長室にて）

伝える役割を続けられました。そしてその都度、愛知の名産を届けてくれました。8月、豊橋の甘いスイカは輪太鼓練習の疲れを癒やし、11月、大きく実った次郎柿の美しさに子どもたちは歓声を挙げました。

あれは確か9月か10月。西島さんが、石巻の幼稚園から高校まで十数校を分刻みで廻り支援物資を届けていたときのことです。本校への来校時は、ちょうど輪太鼓の練習が行われていました。時間がないのは承知の上で、私は、練習会場の体育館にお招きしました。西島さんにぜひとも聴いてほしかったのです。まだまだ完成度は高くはないが、あの子たちが打つ太鼓は人の心を打つのです。案の定、西島さんは大変感動し「ブラボー」と何度も体育館中に響き渡る大きな声で子どもたちを激励してくれたのです。そして予定が詰まっているのにも関わらず、二度も演奏を聴いていかれました。

11月、いよいよ東京駅公演。本書冒頭に記したように奥様はじめご家族でいらっしゃいました。西島さんが大きな運命を創り出してくれた場所です。

その日の生徒の演奏は素晴らしく、地下の動輪広場は感動の渦が起きているのを感じました。西島さんは、そのときの演奏映像をドイツに送るのです。そして本書のプロローグへとつながっていきます。

ドイツ行きが叶うまでにはいくつかエピソードがあります。

東京駅での演奏後の11月、西島さんが校長室を訪れ「ドイツに行きませんか」という話を持ってきます。最初は生徒15人でということでした。それでも数百万円の旅費がかかります。私は、「それは、無理です。行ける子と行けない子を選ぶことはできません。1、2年生全員ならお引き受けします」と返答しました。さっそく西島さんはドイツのバローグ輝子さんに掛け合います。輝子さんはまたドイツの方々を説得し了承を得るのです。そして2月、西島さんが、ドイツ行きの大金をなんと胴巻きに入れて持参してきてくれたのです。

次なる課題が浮上します。被災1年となる3月の訪独に、教育委員会が難色を示します。人事の大変なときに校長が外国に行くことは難しいと。これは当然のことです。が、西島さんが動きます。海外の出張先から教育長に手紙を書きました。「被災後1年のこの時期だからこそ意味がある。校長が行かずして感謝の意は表せない」と。市教委も英断をしてくれました。訪独中、校長不在の本校職員の異動の発表は、なんと学校教育課長がわざわざ雄勝中に出向き行ってくれました。異例の配慮に、感謝の限りです。

私は、2012年3月で雄勝を去ることになります。

雄勝から離れた私ですが、業務の合間を縫って「雄勝の子どもと学校の在り方を考える会」への参加、講演依頼への対応、雄勝への視察者の案内など少しでも雄勝のためになるならと動いていました。

西島さんとは、毎月石巻支援に入るたびに、前夜に仙台で一献を交わしながら被災地に関する情報交換をしていました。常に妻も一緒にと声を掛けていただきました。

そんな西島さんに被災地支援22回目となる2013年1月、喉にガンが見つかりました。2月、放射線療法を受けるため入院。雄勝中の子どもたちも、「たくましく生きよ。」Tシャツや、早く元気になってくださいと書いたメッセージを贈って快復を祈りました。

西島さんの入院中は、ほかの方々（チーム西島と呼んでいます）が被災地訪問を続けました。

退院後の6月には、まだ体調が完全に快復しないうちに石巻支援を再開します。

しかし、9月またガンが見つかるのです。肺に転移したとのこと。10月に再入院して、手術をすることになった西島さんは、心配を掛けまいとの配慮なのか、私には「完治のための最後の闘い」と笑顔でその覚悟を話してくれました。

退院後、さっそく、被災地支援を再開します。

ここからは、まさしく、身を削っての支援活動です。奥様が常に同行し二人三脚で石巻を訪れます。西島さんの病状は一進一退のように私からは見えましたが、毎回ハグするたびにやせ細っていくその体が痛々しくてたまりませんでした。

そして2014年10月18日。43回目の支援活動。車椅子で奥様と石巻へ。

突然、私の携帯に西島さんから電話が入ります。今、講演で京都にいることを伝えると、「じゃあ間に合わないね」。これが西島さんと交わした最後の言葉でした。

その日仙台で西島さんと会うことができた妻から容態の悪化を聞いた私は、いても立ってもいられず、「西島応援団」結成に向けて動き出します。その草案を書き上げ、今まさに多くの支援を受けた各学校長に送信しようとした矢先、訃報が入ったのです。遅きに失しました。

雄勝中は、本当に多くの方の支援を受けました。特に被災から1年目は、その支えがあってこそ乗り越えることができました。

なかでも、西島さんは毎月必ず豊橋から、しかも多くの支援の方を連れて通い続けてこられました。そしてドイツ公演の実現に尽力してくれました。そのことがあの子たちにとって、どれだけ心の大きな支えとなり明日に向かって生きることへの勇気になったことか。震災は、支援される側も支援する側も人生に大きな影響を及ぼしました。震災を機に多くの出会いがあり、人とつながることの素晴らしさ、大切さを実感しました。本書のなかで「人間っていいなあ」と述べました。極限の状況下でも互いに支え合って生きていけると。

西島さんは、「全快したら一緒にドイツに行こう、あのときの演奏旅行のお礼に行こうよ」と、いつも私ども夫婦に声をかけて下さいました。西島さんにとっては若き日に学んだドイツの地は、まさに第二の故郷です。「最高のドイツを紹介するからね」。この夢はついに叶わないことになりました。

西島さんのことを考えると言葉になりません。ただただ感謝の気持ちで一杯です。最後まで被災地を支え続けたその強さ、優しさ、大きさ……。まさに「たくましく」生きられた人生。

この出会いを私は決して忘れず、西島さんの思いを語り継いでいこうと思います。発刊にあたって、西島さんのご冥福をお祈りしながら、西島さんと雄勝中学校との関わりと支援の足跡の一部をここに記しました。改めて本書を、命を賭して被災地支援を行い続けた西島さんに捧げたいと思います。

最後になりましたが、今回も、本書の新書版発刊を進めていただいた「チーム石巻高校」の㈱ワニ・プラス代表取締役社長の佐藤俊彦君、編集協力の森口秀志君らの熱い思いにこころから感謝します。

２０１５年１月

佐藤淳一

資料１

震災40日後の生徒たちの作文

遠藤郁人

二〇一一年三月十一日、雄勝中学校の卒業式が終わり、僕は家でゲームをしていました。そして、突然ゴォォーとゆれはじめました。僕は外に出て逃げようとして、そこにあったのは、お母さんのナースシューズでした。仕方がないからそれをはいて逃げました。その時の僕のかっこうは半そで短パン、ナースシューズでした。寒かったです。小学校に妹を迎えにいき、すぐに指定の避難場所に逃げました。そして、ついに津波が来ました。目の前でたくさんの物が流され、そして何人かの人も目の前で流されてしまいました。それからは、今まで普通だった生活が、ホームレスのような生活になってしまいました。そして、山の中を歩き森林公園に行きました。しかし、食糧がなく困りました。次の日、がれきの山の雄勝に行き食糧を探しました。そこにあったのはドロドロのマカロニでした。さすがに食べれません。その日の夕方、家が流されなかった人が森林公園に来て米をたくさんくれました。その時、初めて食べ物のありがたみを知りました。そして、6日後に知り合いに助けられて、多賀城に行くことになりました。血のつながっていないただの知り合いなのに15人という大人数にアパートを借してくれて、他にも色々なことをしてくれました。初めて、人間の本当の優しさを知りました。その後、ビッグバン（編集部注・石巻市河北総合センターの別称）に来て避難所生活をすることになってしまいました。だけど、たくさんの優しい人達のおかげで何にも不自由しない生活を送れて、本当にたくさんの人達に感謝しています。今は感謝することしかできないけど、復興してきたらたくさんの人達に恩返しができたらいいなーと思います。

あの日から約一カ月半がたち

今野郁姫

三月十一日を思い出したくない忘れたい、なかったことにしたい。これが私の本音で

す。あの時何が起きたのか、大きな揺れの後、ラジオから流れてきた最初の言葉は、

「大津波警報が発令されました」

でした。その数分後、外から聞こえてきた声は、

「10ｍの津波が来る。波ひいだどー」

でした。私が逃げてすぐ堤防から波が向かってきました。私は一晩を山公園で過ごしましたが、そこにいて聞いたもの見たものを忘れることができず不安に不安が重なる一方で寝ることすらできませんでした。

次の日の朝、私は避難していたと思っていたおじいさんが行方不明だと聞き、すぐ下に降りて捜しましたが見つからず、フロントガラスが粉々になり、車体がぐちゃぐちゃになったおじいさんの車二台だけが見つかりました。その日から約一カ月半が経ち私が感じたこと、学んだことは、普段の生活であたり前になっていた物など一つ一つが、欠かせない物だったということなど、他にもたくさん学びました。これから先、どうなるか分からないけど、一日一日を大切に過ごし、亡くなった方に恥じないような生き方をしたいし、受験生なので中学校生活はラスト一年を大切に明るく、楽しく過ごしていけ

たらと思います。

忘れたくないこと

生出玲士

僕は学校の帰り道、いろんなことを考えていました。今日の卒業式よかったな、先輩達は高校受かるのかな、昼ご飯は何かな。そんなことを考えながら歩いていました。まさか数時間後に家がなくなるとは考えもしませんでした。三月十一日、東日本大震災発生。地震はあまりにも大きく、目の前で道路が割れ水がふき出すほどでした。また津波はすべてを飲み込み、何もかもを消し去っていきました。数時間のうちに変わってしまった雄勝を僕はただ呆然と見ることしかできませんでした。あれから一カ月あまり。僕はこの間にいろいろなことを学び考えました。そして今、思うのは前の生活がどれだけ幸せだったかということです。毎日学校に行って友達と勉強をして、いろんなことを話して笑っていました。家に帰ればご飯が用意されていて、テレビを見ながら食べていました。また母親に「鬼ババァ」「やまんば」と言ってからかい、最後は本当に鬼のようになった母親に怒られることもありました。そのすべてが幸せで決して普通の生活ではないことを知りました。僕はこの思いと今回の震災を決して忘れず、これからの人生を歩んでいきたいと思います。幸せであり、すばらしいということを忘れたくないと思います。

今を考える

遠藤　拓

3月11日、この日ぼくは家、思い出の品、見慣れた光景を津波により失いました。人間が数十年、数百年を費やし築いてきたものはもろくも崩れ去ったのです。これからどうなるのだろうか？　流されていくさまざまな物たちを見つめつつ、そう思いました。その日は寝ることもできずにいたのですが疲れもあり、明日への不安をいだきつつぼくはようやく寝ることができました。目がさめたとき、目の前に見慣れたものがあり昨日のことは夢だったのかと思いました。しかし回りを見渡したとき昨日のことは現実であったと思い知らされました。外に出て外の風景を見渡したときさらに実感がわきました。それと同時に今のことしか考えられなくなりました。明日への不安や失ったものなども考えられなくなりました。そういう場所にぼくはいたのです。

だからぼくは今を考えていこうと思います。不安な未来や昨日のことは考えず今のことを、今自分は何をすべきかを、今自分に何ができるかを考えていこうと思います。ときには暗い過去のことを考えるかもしれない。未来を不安に感じてしまうかもしれない。しかし、ぼくは今を考えていこうと思います。

3月11日、14時46分

鈴木貴登

3月11日、本来ならばこの日は雄中生にとっては記念すべき喜ばしいはずのこの日に、とんでもないことがこれから起こるとは、誰も知りませんでした。3月11日は卒業式、卒業式を終えた自分は自分の家にいました。そして3月11日14時46分にその大惨劇がありました。

「東日本大震災」

自然の脅威に抵抗することもできずに自分は家を、思い出を、大切な人を流されました。そしてその大惨劇から43日、今現在自分はここにこうしています。何万人も亡くなったあの震災を受けても死ななかったのはキセキだと思います。あれから40日たっても変わらないものがあります。それはごはんを食べるとき手を合わせることです。あの震災は人にごはんのありがたみを教えました。この震災からの教訓は忘れずにこれからもたくましく生きていきたいです。

資料2

たくましく生きるために

牧野陽紗

私は昨年の震災で大切なものを沢山失いました。故郷・家・思い出。そして最愛の母。心がどこかへ吹っ飛んでしまいそうな絶望感を味わい、怒り・悲しみ・恨みの気持ちでいっぱいでした。でも、私だけじゃない。雄勝の人たちはみんな同じ。そんな思いで、自分の気持ちを何とか飲み込みました。雄勝中生のほとんども家を失いました。

こんなどん底にあった私たちは、多くの方々の支援のおかげで、学校生活を再開することができました。震災後に掲げられた校訓、「たくましく生きよ」というテーマで、特別授業もいくつか行われ、テレビでしか見たことがない人たちとの交流に興奮しました。

その中で、すんなり私の心に入ってきたものがあります。その先生の言葉は、「私たちは物に付加価値をつけて商品にする。付加価値によって売れ行きは決まる。輪ゴムでも、飾りをつければ髪を束ねる商品に変わる」。

自分に付加価値かぁ。どんな付加価値をつければいいのか。どんな付加価値をつけられるのか。これまで、考えたこともなかった発想でした。

昨年六月、雄勝中生に転機が訪れました。それは、全校で感謝の気持ちを伝えよう。頑張っている自分たちの姿を発信しようと、太鼓に取り組むことになったことです。本物は津波で流出したので、古タイヤにビニールテープを貼って打面を作り、練習を開始しました。タイヤなのに、みんなで叩くと太鼓のような迫力があります。叩いているときには、不安も嫌なことも忘れることができました。いつの間にか、互いに助け合っていこうとする私達のシンボル的存在になっていきました。

私達は太鼓に復興輪太鼓《わだいこ》と名付けました。輪という字は車輪の輪《りん》の字を使って輪太鼓としました。輪という文字にしたことによって、私たち雄勝中生の「輪」という意識が高まりました。そしてこの輪は、沢山の人たちを結びつける大きな輪へと広がっていきました。

日本国内では東京ドームや渋谷公会堂、雄勝のスレートでつながりのある東京駅などで演奏させて頂きました。そこからさらに輪が広がって、ドイツや韓国での演奏の機会を頂きました。人のつながりのすごさを感じました。演奏を聴いて下さる皆さんの表情を見る度に、全てを失った私たちにもできることがあるんだと自信が湧いてきました。それと同時に、心から人を思いやる気持ちに国境はないんだと深く感じました。広く世界を見る目も養われた気がします。

震災後のこれらの活動から、私には一つの夢ができました。それは、プロの太鼓打ちになることです。私たちの練習を手助けして下さった太鼓のアーティスト集団「族」さんとの出会いがきっかけでした。演奏に込める思いや、作曲者の思い、聞いてもらう人に何を伝えたいのかなど、様々なことを考えながら演奏していることを教えて下さいました。コンサートに招待して下さり、アーティストとして、ステージも経験させて下さいました。

もともと太鼓が好きだった私の一家。父も自ら作曲した曲を演奏していました。この一年、太鼓がきっかけで広がった輪により私は人間にとって一番大切なのは人との関わりだということを知りました。母を亡くした悔しさ・悲しさから、反抗ばかりしていた私の考えも太鼓によって変わりました。

私たちの太鼓は廃タイヤとベニヤ板、荷造りテープ。いわば付加価値の塊と言える物に変身しました。私の心一つで、私の付加価値も決まる。太鼓奏者という付加価値を私は身につけようと思うようになりました。母も大好きだった太鼓の鼓動。震災で感じた悲しみ・怒り・絶望を乗り越え、私は、沢山の方々から頂いた優しい気持ちを、太鼓の音に乗せて、多くの人々、いや、世界の人々に伝えたいと思います。震災で打ちのめされた気持ちをリセットして、志を高く持ち、これからの人生をたくましく生きていこうと思います。

資料3

言葉の重み

伊藤美波

「死ね！　消えろ！」転校して一ケ月が過ぎた頃、私に対して浴びせられた男子生徒の言葉です。

「私が何したって言うの？　死の恐怖を味わいながらやっと逃げたのに、死ねって何？消えろって何なの！」

なぜこんなことを言われなければいけないのか、怒りとショックと悲しみでいっぱいになりました。自宅が流されるのを見ながら、山を這い上がって、死の恐怖に耐えて何とか助かったのに、あまりにもひどい言葉が、私に投げつけられたのです。

私の家族は、家を津波で失って仙台の近くに引っ越しました。

「母は、この先のことで頭がいっぱいのはず。心配かけたくない。私自身、こんなことを言われているのを家族に知られたくない。家族も傷つけてしまう」

家では明るく振る舞い、学校では目立たないようにしていました。それでも、毎日浴びせられる言葉に我慢ができず私も言い返し、また、「消えろ」と言われる。なぜ嫌われたんだろう、原因も分からず、学校に行きたくないという気持ちばかりが強くなり、ついに、欠席することを選んでしまいました。

自分が「いじめ」に遭うなんて、不登校と呼ばれる生活を送ることになるなんて。考えれば考えるほど、悲しさで、私の胸は締めつけられるばかりでした。この人は、自分の言っている言葉が、どれだけのショックを私に与えたか分かっているんだろうか。浴びせられた人が抱えている背景を考えているんだろうか。憎くてしょうがありませんでした。

「今、みんなどうしてんだろう。まだ避難所暮らしだよな。アパート借りられただけ、私はましなのかなぁ」

思い出されるのは楽しかった頃の、みんなの声や笑顔ばかりでした。雄勝中の生徒のほとんどが家を失いました。

そんなある日、雄勝中学校の校長先生から電話が来ました。突然、「美波、雄勝中学校に戻っておいで」と言われました。その声の優しさは今でも忘れられません。連絡を取り合っていた雄勝の友達から、元担任の先生、校長先生へと私の状態が伝えられ、こんな話になったようです。

もしかしたら戻れるかもしれない。嬉しくて嬉しくて、涙があふれました。私が知らないうちに母にも話が行っていて、うすうす気づいていた母も、賛成してくれました。

「引っ越しはできないから、毎日送って行くよ」

母には悪いと思いながらも、その言葉に甘えることにしました。

「美波、お帰り～」

みんな笑顔で迎えてくれました。転校先のことは何一つ聞かれず、以前と同じように接してくれるみんな。まるで、風邪で休んでいてやっと治って登校したぐらいの雰囲気でした。その空間には、互いを気遣う言葉、思いやる優しい言葉が飛び交っていました。心にあったモヤモヤが消え、素直な気持ちと安心感で満たされていくのがわかりました。

雄勝中学校は、震災後、全校で立ち上がろうとタイヤで作った太鼓に取り組みました。多くの偶然と、知り合った沢山の人の輪によって、ドイツや韓国での演奏も経験しました。練習で交わされる言葉は、時にはきついものもありましたが、人をけなすのではなく、言われた人も納得する、目的がしっかりした意味ある言葉でした。私は、みんなで作り上げた曲を演奏するたびに、大きな喜びを感じました。きっかけは最悪でしたが帰って来られたことには感謝する気持ちが強く、今は怒りがなくなっています。

私に浴びせられたあの言葉。言葉はすぐに消えてしまいますが、心の傷は消えません。もしかしたら深い意味はなかったのかもしれませんが、私には家族まで巻き込んだ重大な一言になりました。言葉によって傷つき、言葉によって助けられた私。一言の重みを十分すぎるほど感じました。私はこの先、言葉と心を大切にして、人を支えられる人間になるよう生きていきたいと思います。

奇跡の中学校

3・11を生きるエネルギーに変えた生徒と先生の物語

著者　佐藤淳一

２０１５年２月25日　初版発行

佐藤淳一（さとう・じゅんいち）
１９６０年茨城県北茨城市生まれ。宮城県で育つ。山形大学教育学部卒業後、宮城県の中学校教員になる。初任は、１９８３年仙台市立五橋中学校。宮城教育大学附属中学校教頭、仙台市立西山中学校教頭、仙台市教育委員会主任指導主事を経て、２０１０年石巻市立雄勝中学校長となる。東日本大震災による津波で雄勝町は壊滅的な被害を受け、学校そして生徒の家々が流され、生徒がばらばらになった。しかし強力なリーダーシップとユニークなアイデアで学校を再生させ、全国から注目を集める。２０１２年４月より仙台教育局へ赴任。

発行者　佐藤俊彦
発行所　株式会社ワニ・プラス
〒１５０－８４８２
東京都渋谷区恵比寿４－４－９　えびす大黒ビル７F
電話　０３－５４４９－２１７１（編集）
発売元　株式会社ワニブックス
〒１５０－８４８２
東京都渋谷区恵比寿４－４－９　えびす大黒ビル
電話　０３－５４４９－２７１１（代表）

装丁　橋田浩志（アティック）　小栗山雄司
編集協力　森口秀志
ＤＴＰ　平林弘子
写真提供　佐藤淳一　森口秀志　平林克己
地図製作　ＮＤＳ
印刷・製本所　大日本印刷株式会社

ISBN 978-4-8470-6078-6
JASRAC 出 1500613-501
ワニブックス【PLUS】新書ＨＰ　http://www.wani-shinsho.com

＊著者の印税は、「雄勝中新入生の制服支援基金」にすべて寄附されます。